접촉

접촉

wie Berührung hilft

베르너 바르텐스

김종인 옮김

황소자리

촉각, 세상 무엇보다
소중하고 예민한 감각

한번 느껴보세요! 촉감이 어떤지. 알겠습니까? 무언가를 느끼기 위해 당신은 특별히 용기를 낼 필요가 없습니다. 우리 신체는 영원히 무언가를 느끼고 경험하며, 몸에 와닿는 모든 자극을 파악하고 수용할 수 있는 존재이기 때문입니다. 눈은 감을 수 있고, 입은 다물 수 있으며, 코와 귀도 닫을 수 있습니다. 그러나 육감과 느낌, 촉각, 이런 것은 마음대로 억제할 수 없어요.

이 책은 인생에서 가치 있고 매혹적인 느낌, 도움이 되고 힘을 주는 느낌을 다루고 있습니다. 이런 느낌은 때로 너무 강렬해 중독될 수도 있지요. 놀랍게도 오랫동안 학문에서는 이 귀중한 감각에 대해 전혀 신경 쓰지 않았습니다. 그렇지만 우리 모두에게는 그런 경험이 있을 겁니다. 사랑스러운 사람뿐만 아니라 어떤 물건이나 깔개의 느낌이 부드러울 때 그 안으로 기어 들어가 손을 뻗어 만지고, 잡고, 접촉하는 순간을 체험해보고 싶어집니다. 좋은 느낌 때문이지요!

"접촉하다"라는 말은 많은 언어에서 이중적인 의미를 지닙니다. 구체적으로 만지는 행위를 뜻하기도 하지만 어떤 느낌에 압도당하거나 어떤 순간에 마음을 빼앗기거나 어떤 대화에 감정적으로 깊이 빠져든 경우, 그러니까 정신적인 접촉을 의미하기도 합니다. 이런 심리적 접촉 상태는 대부분 정신적 변화뿐 아니라 육체적인 변화를 동반하지요. 사랑스러운 말과 행동 또는 상황이 매우 감동적이고 유쾌하면, 그것은 부드럽게 쓰다듬는 행위나 애무와 동일한 영향을 미칠 수 있습니다.

반대로 나쁜 소식이나 슬픈 경험 또는 불쾌한 반응은 혐오스러운 접촉만큼이나 역겨운 느낌을 유발합니다. 명치에 가해진 충격이나 차갑고 미끈거리고 구역질나는 피부 접촉처럼. 접촉은 가장 아름답고 행복한 순간, 그리고 최상의 만족을 주는 심오한 느낌을 선물합니다. 반대로 끔찍하게 혐오스럽고 역겨운 창피를 주거나 상처를 가하기도 합니다.

학문에서는 이런 연구 분야가 새로 개척되었습니다. 마이애미에서 몇 년 전 문을 연 터치연구소Touch-Institute가 접촉의 효과를 연구하고 있습니다. 이곳은 "접촉은 우리 인간의 첫 번째 언어다. 그럼에도 이에 대해 알려진 것이 많지 않다"는 것을 모토로 내걸고 있습니다. 그 외 유럽이나 아시아에서는 지금까지 소수의 과학자들만이 접촉과 촉각이라는 주제를 심도 있게 다루었습니다.

접촉은 의학에서 치료에 이용되거나 파트너십과 직업, 여가생활이나 스포츠에 응용됩니다. 또 술집 운영이나 자아발견에 도움을 주기도 하지요. 나는 그런 것과 상관없이 접촉이 얼마나 귀하고 소중하며, 우리 인간에게 얼마나 많은 도움을 주는지를 말하려 합니다. 나아가 접촉에 관한 거의 모든 것을 이 책에서 들려주고 싶습니다.

접촉은 우리를 몰입의 감정으로 이끄는 강력한 열쇠입니다. 접촉은 때론 즐거움을 주기도 하지요. 올바르게 접촉할 때, 그것은 우리를 새로운 경험의 세계로 인도합니다. 무엇이 이롭고 중요한지를 사람들에게 알려줍니다. 물론 개인이 무엇에 감동을 받는지도 알려주지요.

바라건대 여러분이 이 책에서 감동받거나 다른 자극을 얻으면 아래 주소로 그 내용을 보내주시기 바랍니다.

www.werber-bartens.de

| 차례 |

마사지 | 평생을 짓누르는 학대의 상흔 | 울게 내버려두지 마라 | 고립은 바퀴벌레도 병들게 한다 | 이해는 느낌보다 항상 느리다 | 불안할 때는 왜 바가 아플까?

만지고, 느끼고, 성공하다 232

손으로 승리를 쟁취하다 | 마지고, 느끼고, 이해하다 | 바뱀바 족이 배신자를 끌어안는 법 | 터치, 유능한 바텐더의 비밀병기 | 유쾌한 감정 불러일으키기

접촉, 21세기 스마트 산업의 새로운 키워드 250

독창적인 기기 아이폰 | IT 시대, 검지의 부활 | 촉각으로 승부하라

그리워라, 접촉의 기억들

접촉은 서로를 연결하고, 둘 사이를 가깝게 한다. 서로 잡고 있는 사람들은 직접적으로 관계를 맺게 된다. 그런 행위에서 항상 친밀감이 발생하는 건 아니지만 접촉하려는 몸짓 자체가 공동체 감정을 매개한다. 대다수 나라에는 원형으로 서서 손을 잡는 풍습이 퍼져 있다. 이 풍습은 공동체의 보편적 의식으로 간주되고, 무언가를 함께 이뤄낼 수 있는 에너지와 감정을 증폭시킨다.

점수 발표를 기다리는 학생이나 동료의 마지막 페널티킥을 앞둔 축구선수, 심사위원의 판정을 기다리는 오디션 참가자들처럼 서로 손을 잡고 있는 사람들은, 결정을 기다리는 짧고 걱정스러운 순간에도 외형적으로 함께 소속되어 있음을 보여준다.

나아가 접촉은 다음과 같은 상황에서도 이루어진다. 아주 가까웠던 친구를 오랜만에 다시 만날 때 우리는 기꺼운 마음으로 상대방을 '만진다.' 또 사랑하는 커플들은 손을 잡거나 다정하게 애무한다. 지인이든 친구든 연인이든 상관없다. 모든 형태의 유쾌한 접촉은 타인에 대한 인식을 변화시키고, 동료의 존재 및 자신의 욕구에 대해 솔직하고 민감하게 인지하도록 만든다.

그럼에도 현대인들에게 호의적인 접촉이 널리 퍼져 있지 않다는 사실은 매우 놀랍다. 아니, 반대다. 많은 수의 현대인들은 서로 쓰다듬거나 잡는 것을 달가워하지 않는다. 이런 행위가 일상적이지 않은 것이다. 오히려 계속 밀접한 관계를 유지하는 것을 고통스럽게 여기는 분위기도 팽배하다. 거리를 두고 뻣뻣하게 악수만 하는 것 이상의 관계가 이루어지지 않는다. 어찌 된 일일까? 만지고 쓰다듬는 행위는 분명 대부분의 사람에게 이로운 일임에도, 우리는 왜 이렇게 주저하게 된 것일까? 우리는 영원히 무언가를 느낄 수밖에 없는 존재인데도 왜 스스로 유쾌한 느낌을 거부할까?

언제 어디서나, 우리는 느낀다

느낌은 끊이지 않는 강과 같아서 고정되지 않는다.
자세히 관찰할 수도 없다.
우리가 느낌을 더 자세히 관찰하면 할수록
무엇을 느끼는지 점점 더 모호해진다.

_ 로베르트 무질

접촉이 부드럽든 강렬하든, 모서리처럼 느껴지든 둥글게 느껴지든, 인간은 스스로 접촉하는 것과 자신을 접촉하는 것을 끊임없이 기록한다. 우리는 깔개가 단단한지 부드러운지를 저절로 느낀다. 자신이 무엇을 만지고, 상대방이 자신을 어떻게 만지는지도 즉시 알아차린다. 우리는 직접적인 접촉뿐만 아니라 가까이에서 일어나는 사소한 변화도 기록한다. 피부에 와닿는 미풍뿐 아니라 안개 낀 습한 날씨에서 느껴지는 부드러운 간지러움도 알아차릴 수 있다. 머물고 있는 주변 환경이 얼마나 따뜻한지 또는 얼마나 추운지도 감지한다.

신체 곳곳에 있는 촉각은 다양한 신경 경로를 통해 조심스럽게 접촉하는지 격렬하게 접촉하는지, 부드러운 것과 접촉하는지 단단한 것과 접촉하는지, 어떤 공간에 위치해 있는지를 뇌에 전달한다.[1] 연구자들은 "촉각은 정서적 접촉에도 이용된다"고 말한다. 촉각은 외부에서 오는 자극을 뇌에 전달할 뿐만 아니라 피부 대 피부 접촉을 통해 감정적 반응과 호르몬 반응 및 다른 반응을 자극한다는 것이다.

특히 신경섬유는 요리용 철판에서 신속히 손을 떼거나 다른 위험을 예방할 수 있도록 통증과 열, 압력을 신속하게 전달한다. 신경섬유가 많은 신체 부위는 예민하고, 민감하다. 그래서 우리는 무언가에 피부가 접촉했다는 사실을 등보다는 손끝이나 얼굴에서 훨씬 더 정확하게 감지한다.

또한 우리에게는 놀라울 정도의 공간감각이 있다. 눈을 감고도 지금 내가 탄 기차나 배가 기울어지는지 아닌지를 알 수 있는 것은 그 때문이다. 어둠 속에서도 경사면에 서 있는지, 발이나 팔이 비틀려 있는지, 구부러져 있는지 뻗어 있는지 느낄 수 있다. 사람들은 언제 어디서나 느끼고 촉각으로 탐지한다.

첫 번째이자 마지막 감각

강하다는 것은 느낄 수 있다는 것을 의미한다.

_ 페르난두 페소아

촉각은 인간에게서 발달하는 첫 번째 감각이다. 태아도 어머니의 자궁 안에서 접촉에 반응하며 자신을 둘러싸고 있는 압력을 느낀다. 어머니의 복벽에 압력을 가하기도 한다. 태아는 시간이 지나면서 압력의 강도를 조절할 수 있다는 것을 터득하게 된다. 자신을 둘러싼 자궁을 힘껏 밀어 버팅기면서 사방으로 감싸여 보호받는다는 느낌을 갖기도 하고, 스스로를 진정시키기도 한다. 학자들은 마사지나 강한 포옹을 통한 긴장완화 효과가 이러한 과거 경험에서 유래하는 것으로 추측한다.

촉각은 태어날 때부터 존재하기 때문에 아주 일찍부터 자극받을

최초이자 최후의 감각

갓 태어난 아기는 촉각에 예민하게 반응한다.
아이를 건강하게 키우는 데 애정 어린 손길만큼 좋은 건 없다.

수 있다. 앨라배마 대학교의 마리아 에르난데스-라이프는 "신생아역시 이미 풍부한 촉각 경험을 갖고 있으며, 이에 대해 아주 민감하다"고 말했다. 그녀는 마이애미에 있는 터치연구소에서 예정일보다 일찍 태어난 조산 쌍둥이가 서로 껴안고 나란히 누워 있을 때 훨씬 더 빠르게 발육했다는 사실을 관찰했다. 그는 "접촉은 첫 언어이다. 이해하는 것은 느끼는 것보다 훨씬 나중에 온다"고 말했다.

촉각은 인간에게 형성되는 첫 번째 감각일 뿐만 아니라 죽음이 임박했을 때 약하게나마 존재하는 마지막 감각이기도 하다. 우리는 의식이 없거나 심한 부상을 입었을 때 또는 혼수상태에 빠졌을 때도 접촉에 반응한다. 수술이나 사고 후 더 이상 기억할 수 없는 상황에 처해도 피부를 통해 수용하는 가장 부드러운 접촉이 뇌로 전달되어 그곳에서 촉각센터를 활성화시킨다.

죽음 직전에는 몸에서 기능하는 것이 거의 없다. 그런데 뇌 기능이 거의 사라져 뇌사 진단을 내릴 만큼 중한 환자를 상대로 장기이식 적합성 여부를 검사하다 보면 때로 몸에서 미미한 활동이 기록되기도 한다. 이런 활동에는 뇌에서 나오는 전기 신경자극이 포함되는데, 이 자극은 접촉에 대한 반응으로 발생한다. 따라서 많은 사람들은 그런 뇌파가 발생하는 경우 뇌사라고 판정할 수 없다고 주장한다.

얼싸안고, 손잡고, 툭툭 치고…,

너의 삶이 갈기갈기 찢길 때 나에게 꼭 달라붙어라.
네가 더 이상 어찌해야 할지 모를 때 나에게 꼭 달라붙어라.

_ 리볼버헬드(독일 록밴드)

삶의 모든 단계에서 인간은 접촉에 의지한다. 피부 접촉은 근본적인 욕구이므로 우리는 항상 그 욕구를 만족시켜야 한다. 엄밀히 말해 접촉이 없다면 우리는 생존할 수가 없다. 관심과 애정을 충분히 받지 못한 신생아와 어린아이는 쇠약해진다. 접촉이 없으면 긴밀하고 신뢰할 만한 연대감이 사라진다. 신생아와 어린아이의 경우 만져주지 않으면 신체 발육이 떨어지며 제대로 자라지 못한다. 면역력이 약해져 병에 쉽게 걸린다. 접촉 자극이 면역계 형성에 중요한 기여를 하기 때문이다.

청소년과 성인들도 타인과의 접촉에 절대적으로 의존한다. 접촉이 완전히 차단된 사람은 바싹 말라 시들어 버릴지도 모른다. 접촉이 없으면 우리는 더 이상 삶을 느끼지 못하고, 고독해지며, 자신과 타인에게 낯선 감정을 느낀다. 그것은 정신적·육체적으로 서서히 사멸하는 것과 같다. 모든 사물과 사람들로부터 배제됐다는 비참한 감정은, 호의적이고 기분 좋은 접촉이 유발하는 유쾌한 기분과 얼마나 큰 차이를 보이는가! 다정한 의도로 서로 접촉하는 사람들 사이에서는 서로에 대한 호감이 싹튼다. 기분 좋은 접촉은 전 세계적으로 애정과 격려의 직접적인 표현으로 이해되는, '마법과 같은 약'이기 때문이다. 어깨를 가볍게 치거나 잠시 팔을 부드럽게 잡는 것도 유쾌한 기분을 불러일으킬 수 있다.

접촉은 외부로부터 오지만 내면을 향해 작동한다. 몸 전체를 사로잡지만 특히 가슴에 막강한 영향력을 행사한다. 이런 지각은 아주 기본적인 것이어서 아무 말 없이도 감지할 수 있다. 누군가와 밀착하고 있을 때는 아무런 설명이 필요 없어진다. 저절로 이해가 되기 때문이다.

우리는 흔히 친하거나 관계가 밀접하고 모든 것이 잘 어울리는 대상과 더 자주 접촉한다. 좋은 친구를 만나면 인사하며 자연스레 포옹한다. 오랜만에 다시 만나 즐거운 사람이라면 자신도 모르게 진심에서 우러나는 긴 포옹을 하게 된다. 이렇게 서로 포옹하고 쓰다듬는 사이, 둘이 매우 친밀하다는 마음을 확인하고 애정을 공유한다.

특별한 친밀감과 연대감에 관한 이런 경향은 스포츠에서도 나타난다. 프랑스 학자들의 조사결과, 조직력과 결속력이 강한 축구팀 선수들은 경기를 하는 동안 동료를 더 자주 만지고, 더 자주 포옹하고, 가볍게 툭 치거나 엉덩이를 두드리며 격려한다. 이런 현상은 일상생활에도 예외가 아니어서, 성과가 나타나거나 좋은 소식을 들었거나 함께 기뻐할 일이 생겼을 때 우리는 서로 얼싸안고 손잡고 어깨를 주무르며 행복감을 공유한다.

다시 한 번 제대로 안기고 싶어

만지치만 말고, 나를 안아줘요.

_ 익명

모든 설문조사를 다 믿을 수는 없다. 질문은 같지만 놀랄 만큼 상반된 결과를 보이는 설문조사도 수두룩하다. 다만 독일인들의 접촉 욕구에 대한 설문조사는 너무나 명백해서 이를 통해 특정 경향을 추론할 수 있다. 이 설문조사는 항상 비슷한 결과를 보여준다.

독일인의 절반 정도는 자신이 포옹을 자주 하지 않는다고 생각한다. 그리고 적어도 3명 중 1명은 더 자주 접촉하고 싶다는 뜻을 나타낸다. 하지만 포옹하고 쓰다듬을 사람이 전혀 없거나 섹스를 위한 전희로만 이런 행위를 한다면 어디에서 사람을 접촉할 수 있을까?

여기 독일인의 접촉 욕구가 얼마나 큰지를 간접적으로 보여주는 몇 가지 자료가 있다. 독일 웰니스Wellness 산업의 소득이 지속적으로 증가하는 현상을 통해 이를 추론할 수 있다. 독일 웰니스협회DWV는 이 분야 연간 매출이 최소 700억 유로(87조 5,000억 정도)에 달한다고 추정한다. 물론 누군가는 책임질 필요가 없는 접촉을 추구하고, 또 다른 사람들은 친밀함에 대한 욕구를 충족시키려 한다.

접촉에 대한 동경이 붐을 이룬다는 또 다른 간접 증거가 있다. 몇 년 전부터 거의 모든 대도시에서 조직되고 있는 육체와 관련한 독특한 행사 '커들 파티cuddle party(독일어로 Kuschelparty. 남녀가 특정 공간에 모여 서로 몸을 만지고 비비는 파티)'가 바로 그것이다. 이 행사에서는 '접촉하는 여성'이라고 불리는 다양한 연령대의 여성들이 서비스를 제공한다. 하지만 그들은 창녀도 아니고 심리치료사도 아니다. 보수를 받고 어루만지기 서비스를 제공하는, 사의식 있는 여성들이다. 에로티시즘이나 섹스 같은 것은 없다. 그저 만질 뿐이다.

다양한 방식으로 친밀하게 서로를 만져주기 위해 얼굴조차 모르는 성인들이 모이는 파티도 여러 지역에서 점점 확산하고 있다. 처음에는 부드럽게 접촉하고 포옹하기 위해 조직되었지만 많은 사람들이 참가하면서 재미 삼아 싸움놀이를 하는 방식으로 진화해가는 모임도 바이에른과 베를린 같은 도시를 중심으로 등장했다.

포옹은 공짜다

여러분은 도처에서 그들과 마주칠 수 있다. 갑자기 그들이 당신 앞에 서서, 당신과 가까워지려고 할 것이다. 물론 당신이 원하는 경우에만. 도심에서 낯선 사람들의 목에 매달려 원하면 공짜로 포옹하게 하는 몇 명의 친절한 활동가가 있다.

분명 수요는 있다. 그러나 보행자 전용구역에 선 채 다른 이에게 거북한 접촉을 제공하는 이런 활동들은 당국의 심기를 건드린다. 이런 행동을 '프리 허그 캠페인'이라고 하는데, 이는 후안 만이라는 가명을 쓰는 호주인이 만들었다. 이 운동은 2004년 시드니에서 처음 시작된 지 몇 달이 지난 후 경찰에 의해 중단되었다. 시드니 행정부는 "포옹할 때 발생할 수 있는 피해"를 후안 만이 책임질 수 없다는 걸 금지 이유로 밝혔다. 유감스럽게도 "발생 가능한 피해"가 어떤 것인지에 대한 기록은 없다! 남은 하루의 분위기와 기분을 망치는 것을 말하는가? 너무 맹렬하게 포옹해서 생긴 멍을 말하는가? 아니면 예상 못한 상황으로 인해 발생하는 심리적인 장애를 말하는가?

하지만 머잖아 시드니 시 당국은 예상되는 피해를 통제할 수 있다는 결론에 이르렀다. 시민들도 도움을 주었다. 1만여 명의 지지자가 서명운동을 한 덕분에 만과 그의 추종자들이 시드니 보행자 전용구역에서 '프리 허그'를 계속 할 수 있게 되었다. 오프라 윈프리의 토크쇼 출연과 2006년 '식 퍼피스Sick Puppies' 밴드의 유튜브를 통해 포옹이라는 아이디어는 유명해졌다. 물론 요르단과 사우디아라비아에서는 많은 활동가들이 체포되었다. 그들이 포옹을 통해 이른바 국가의 '명예'와 '공중도덕'에 위협을 가했기 때문이다.

모든 운동이 그러하듯 프리 허그 캠페인에도 몇몇 엉뚱한 모방자와 활동가들이 나타났다. 물론 이들 모두 다른 사람에게 피해를 주지 않는다는 목표를 표방했다. 가령 폴란드인 막심 스코루브스키는 공명심을 분명하게 드러냈다. 그는 2012년 세계일주 여행을 시작하면서 '80일 간의 세계일주 허그'라고 이름 붙였다. 여행 기간 동안 그는 19개국에서 6,783명과 포옹했다.

새로운 트렌드, 커들 파티

너의 영혼이 너의 육체에서 살고 싶어하도록
너의 육체에 좋은 일을 하라

_ 테레사 폰 아빌라

커들 에너지. 개최자들은 그렇게 부른다. 생판 모르는 사람들이 만나서 때로 상대의 이름을 부르며 워밍업 단계를 거친 뒤 서로를 만진다. 때로는 워밍업을 위해 춤을 추기도 한다.

이른바 커들 파티에서 에로틱한 접촉과 섹스는 절대 금기사항이다. 모든 사람들은 가볍고 편안한 옷차림을 한다. 신체 접촉은 이들을 유익하고 행복하게 한다.

참가자들의 전언을 그대로 믿는다면 그들은 이런 행사를 통해 일상에서 그토록 갈망하던 것을 얻는다. 부담을 느낄 필요가 없는 친밀함. 관계가 더 이상 발전되지 않고, 그냥 몸을 밀착할 수 있다는 것.

피부뿐만 아니라 정신적으로도 좋은, 호의적인 접촉.

사람들은 서로 등을 기대거나 뒤에서 상대방의 배 주위를 잡기도 하고 다른 사람의 무릎에 앉기도 한다. 때로는 기차놀이를 하는 아이들처럼 앞뒤로 나란히 앉는다. 마지막에는 모든 사람이 방 중앙에 있는 매트리스 위에 각자 원하는 대로 뒤섞여 눕는다. 단체 커플의 경우 모든 사람이 거리낌 없이 다른 사람을 쓰다듬는다.

준비물은 따로 필요 없다. 샤워를 하는 것은 좋지만 부담이 되는 향수는 뿌리지 않는다. 가능하면 참가자들이 '아무런 의도 없이' 와야 한다고 커플 파티 주최자들은 말한다. 하지만 이 말은 좀 모순적이다. 왜냐하면 여기에서는 모든 사람이 한 가지 의도, 즉 만지고 부대끼며 오랫동안 또는 한 번도 받지 못한 신체 접촉을 누리는 것을 추구하기 때문이다.

커플 파티에서는 모든 것이 자발적이다. 의무적으로 일어나는 것은 없다. 그렇기 때문에 특정 참가자에게만 접촉하려는 사람들은 거절당한다. 바람직하지 않은 행동이기 때문이다.

랄피의 포옹 인형

너를 사랑한다는 것은 너와 접촉하는 것이다.
나는 열망한다. 너를 느끼기를.
너의 따뜻함. 너의 가까움을

_ 롤란트 카이저

세계의 절반에 해당하는 사람들이 더 많은 애정 어린 행위를 그리워한다. 에로틱한 행동과 섹스를 말하는 것이 아니다. 오로지 만지거나 포옹하는 것, 호의적이고 무해한 접촉을 일컫는다. 여성들은 책임질 필요가 없는 접촉을 원하고, 남성들도 무언가 입증할 필요가 없는 신체 접촉을 그리워한다. 여러 설문조사에서는 항상 비슷한 욕구가 드러난다. 이에 따르면 적어도 전 세계 인구의 절반이 팔에 안기는 경우가 적으며, 아무런 의무를 지지 않는 친밀함을 그리워하고 있다.

이런 맥락에서 바이에른의 한 술집이 선보인 기발하고 실용적인 보조도구가 있다. 나이를 먹지 않는 이 여성의 티셔츠에는 '랄피의 포옹 인형'이라고 적혀 있다. 이 여성이 입은 옷은 매우 넓게 재단되어 한 쪽 가슴이 거의 노출되어 있다. 때로는 젖꼭지가 보인다. 보통 이 여성은 남자화장실 앞 복도에 서 있다. 그러다 해가 지고 그 술집이 복잡해지면, 이 마네킹은 술을 따르는 탁자 옆으로 옮겨진다.

술집의 단골들이 랄피라는 남자에게 이 인형을 선물했다. 랄피는 약간 취기가 돌면 다른 손님(특히 여성)들에게 접근하는 것을 좋아했는데, 대다수 여성들은 그의 추근거림을 못마땅해했다.

하지만 모든 사람은 욕구를 갖고 있다. 이 욕구 때문에 다른 사람을 괴롭히지 않는 한 그 욕구는 존중받아야 하므로 사람들이 해결책을 찾아냈다. 인형을 선물받은 뒤부터 랄피는 바를 찾아오는 사람들에게 추근거리는 행동을 하지 않았다.

이런 보조도구는 절대 웃어넘길 일이 아니다. 보조도구는 직접적으로 그리고 부끄럽지 않게, 많은 사람들이 그리워하는 것이 무엇인지 알 수 있도록 해준다. 물론 이런 욕구를 인정하고, 자신들이 좋아할 형태의 접촉을 얻으려 보조수단을 이용할 만큼 용기 있는 사람들은 아직까지 많지 않다.

템플 그랜딘을 새로 일깨운 '허그 기계'

우리가 받는 압력의 강도는
자신으로부터 벗어나고자 하는 열망의 강도에 비례한다.

_ 페터 슈넬바움

템플 그랜딘은 아주 특별하다. 그녀를 완고하거나 쌀쌀맞다고 생각할 수도 있다. 아니면 그냥 성미가 까다롭다고 여길지도 모르겠다. 그녀를 직접 만나본 사람들은 매우 친절하지만 "가까이 하기는 어렵다" 정도로 표현하곤 한다. 물론 항상 그런 것은 아니다. 그녀는 네 살이 다 됐을 때 처음 말을 했다. 아이로서는 특이한 행동을 했으며 웃지도 울지도 않았다. 자신을 만지지 못하게 했고 벽에 똥을 바르기도 했다. 의사들은 어린 소녀의 뇌가 손상됐다는 진단을 내렸다. 1950년대 초에는(그랜딘은 1947년에 태어났다) 그녀의 이런 특이 행동을 진단할 방법이 없었다.

그녀의 부모는 의사들의 충고를 따르지 않았다. 그녀를 특수시설에 보내는 대신 개인교사에게 수업을 맡겼다. 나중에 이 완고한 젊은 여성은 대학 공부를 하고 박사학위까지 받았다. 몇 년 전부터 콜로라도 대학교에서 강의와 강연을 하는 그녀는 동물, 특히 소의 사육에 관한 세계적인 전문가로 인정받고 있다. 그녀의 감동적인 생애는 영화와 BBC 다큐멘터리로 제작됐다. 그녀에 관한 책도 여러 권 나왔으며, 그녀 스스로 자신의 경험을 말하기도 했다. 템플 그랜딘은 자폐아였고, 아마 높은 지능을 동반한 자폐증의 특징인 아스퍼거 증후군을 앓고 있었을 것이다. 하지만 아프다는 것은 무엇을 의미하는가?

템플 그랜딘은 여러 가지 점에서 예외적이다. 요컨대 '소와 소통하는 사람ox whisperer'이다. 그랜딘은 자신이 직접 개발한 '허그 기계'를 이용해 스스로에게 필요한 접촉을 그때그때 '공급'한다. 그녀는 자신의 경험담을 고통스러워하지 않고 흔쾌히 이야기한다. 낯선 타인에게 자신의 욕구를 공공연히 털어놓을 만큼 용기 있는 사람은 그리 많지 않을 것이다. 그랜딘은 "새로운 것은 나를 놀라게 하는 동시에 나에게 두려움을 준다"고 말한다. "나는 다른 사람과 할 수 있는 것이 별로 없다." 유명한 신경과 전문의 올리버 색스는 다른 사람들 사이에서 자신을 "화성에 있는 인류학자"처럼 느끼는 그랜딘에 대해 관심을 가졌다.[2]

그랜딘은 말한다. 손을 잡고 키스를 하거나 애무하며 사랑에 빠진 연인을 보면 "나는 그것을 ISP, 흥미로운 사회적 현상이라 부른다." 그랜딘에게 접촉은 오랫동안 무한한 자극의 홍수와 같은 의미였다. 그랜딘은 대부분의 사람들이 사랑하는 사람이 만져주는 것을 좋아한다는 사실을 배웠다. 그녀는 영화관에서 〈월레스와 그로밋〉 같은 아동영화 보는 것을 좋아한다. 그녀는 사랑에 관한 영화를 싫어하며 남녀 관계를 소재로 한 코미디도 싫어한다. "나에게는 그런 영화가 정말 지루하다." 그녀에게 영화 줄거리는 아무런 의미가 없다. 대부분의 사람들이 접촉을 열망한다는 것도 이해할 수 없다.

그 대신 그랜딘은 세상 어느 누구도 하지 않던 동물과 관계 맺기를 시도했다. 그녀는 소 100마리가 있는 목장의 먼지투성이 바닥에 누웠다. 처음에는 소들이 그녀 곁으로 달려왔고, 그 다음에는 더 가까이 걸어와서 가만히 누워 있는 그녀를 보며 냄새를 맡았다. 소들이 겁에 질릴 경우, 그랜딘은 좁은 공간에서 200킬로그램이나 되는 소들에게 짓밟힐 수도 있었다. 그랜딘은 "나는 동물들이 어떻게 느끼는지 알고 있다"고 말한다. "동물들은 처음에는 겁을 먹지만 그 다음에는 호기심을 느낀다."

소들도 그랜딘이 자신과 비슷하게 느낀다는 것을 감지한다. 그랜딘은 동물들을 더 평온하게 하고, 두려움을 덜 갖게 하는 고정장치를

소와 소통하는 사람 템플 그랜딘

어린 시절부터 사람과 접촉하는 데 어려움을 느꼈던
이 특별한 동물학자의 이야기는
훗날 영화로 제작되어 유명해졌다.

고안해냈다.

10대 때 그랜딘은 애리조나에 있는 숙모의 목장에서 소에게 예방 주사를 놓기 위해 고정장치를 갖고 가는 것을 보았다. 그랜딘은 "바깥 벽이 소의 몸통을 눌렀는데, 그러면 소들은 금방 긴장을 풀었다"고 회상한다. "나도 그런 것을 원했다. 나는 항상 안기고 싶었지만 사람에게 안기는 것은 자극이 너무 많아 참고 견딜 수가 없었다."

그랜딘은 숙모를 설득해 직접 이 장치 안에 들어가 30분 동안 머물렀다. 양쪽에서 그랜딘을 누르는 목책 사이에서 그녀가 미소를 짓는, 색 바랜 사진이 있다. 그랜딘은 "고정장치는 정말 효과가 있었다. 나는 훨씬 평온해졌다. 그 후 나는 나 자신을 위한 허그 기계를 제작했다"고 말한다.

그녀는 합판으로 '허그 기계'를 직접 만들었다. 그랜딘은 장식이 화려하고 쿠션이 있는 모델도 갖고 있는데, 나무에 달아놓은 놋쇠간판이 이것이 허그 기계라는 것을 말해준다. 그랜딘의 대학 기숙사 룸메이트는 그녀가 삐걱거리는 기계 안에 들어가 눌린 상태로 안겨 있는 광경을 보고는 기겁을 했다. 룸메이트는 그랜딘이 비정상이라고 판단했다. 기숙사 사감은 그 기구를 쓰레기 더미에 버렸다. 그러나 그랜딘은 당황하지 않았고, 쓰다듬어주는 새로운 기계를 만들 수 있게 해달라고 간청해 허락을 받았다.

그랜딘의 생애를 촬영한 영화를 보면, 그녀가 허그 기계에 막 들어 갔다 나온 뒤 더 평온해졌다는 사실이 알려진 후 새로운 시각장애인 여자 룸메이트가 생긴다. 그랜딘은 새 룸메이트와 함께 시청각실에 가서 스크린에 보이는 것을 룸메이트에게 설명해줬다.[3] 그러자 다른 여학생들이 이를 보며 짜증을 내고, 잠시 후 그랜딘은 앞을 보지 못 하는 새 룸메이트를 안내하기 위해 팔짱을 낀다.

태어난 직후부터 다른 사람과 접촉하는 것을 참지 못했던 그랜딘 이었다. 심지어 어머니가 가까이 다가오는 것조차 허락하지 않았다. 그런 그랜딘이 허그 기계 안에서 안정을 찾은 이후 새 룸메이트의 팔 짱을 끼고 그녀를 안내하기 시작한 것이다.

적절한 압력 강도는 사람마다 다르다

무엇을 경험하는가가 아니라
경험을 어떻게 느끼는지가
우리 운명을 결정한다.

_ 마리 폰 에브너-에셴바흐

템플 그랜딘이 개발한 허그 기계는 일반인들이 이용하기에 다소
번거로울 수 있다. 이 여성은 예순 살이 훨씬 넘었고, 단호한 인상을
준다. 그럼에도 그녀는 나무로 만든 칸막이처럼 생긴 상자에 기어 들
어간다. 적어도 일주일에 한 번은 그렇게 한다. 이 장치에는 'the big
squeeze'라고 적혀 있다. 그녀가 선택한 이 명칭은 '강하게 누르기'
또는 '힘찬 포옹'이라는 뜻이다. 그녀는 이 명칭을 작은 에나멜 간판
에 새겨넣었다.

그랜딘은 나무상자 속 쿠션이 자신을 누르는 압력 강도를 손으로
조절할 수 있다. 그녀는 "20~30분 정도 그 안에 머물러 있으면 하루

종일 편안하고 차분한 느낌이 든다"고 말한다. "나를 가르쳤던 선생님들과 어머니는 내가 미쳤다고 생각해 이 기계를 빼앗아 가려 했다. 하지만 나는 이런 느낌에 이미 중독되었다. 세상의 어떤 것을 주더라도 나는 이 기계를 내놓고 싶지 않았다."⁴

그랜딘이 더 어렸을 때는 거의 고통을 느낄 정도로 이 기계에 눌리고 싶어했다. 그녀는 의지할 곳에 기대고 싶어했지만 정작 다른 사람과의 접촉을 못 견뎌했다. 옷, 특히 속옷에도 그녀는 극도로 민감했다. 새로 산 내의나 블라우스는 까칠함이 느껴지지 않고 부드러워질 때까지 10번 정도 세탁했다. 살에 닿는 낯선 느낌을 참지 못했기 때문이다.

그랜딘은 나이가 들면서 허그 기계의 압력을 점점 더 약하게 조절했다. "기계가 나를 더 친절한 인간으로 만들어준다. 기계가 없었으면 나는 무뚝뚝하고 냉정한, 바위 같은 사람이 되었을 것이다"라고 그랜딘은 확신한다. "애정을 느끼기 위해, 나에게는 이러한 육체 경험이 필요하다." 그랜딘은 자신에게 좋고, 이로운 것이 무언인지 직접 경험하고 시험했다.

그랜딘의 사례에서 보듯이 부드러움과 접촉 형태가 같아도 모든 사람이 그것을 기분 좋다고 느끼지는 않는다.

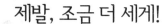

제발, 조금 더 세게!

접촉의 약효를 가벼이 여기지 마라.

_ 익명

현재 몇몇 병원에서는 템플 그랜딘이 고안한 것과 같은 장치를 활용하고 있다. 이 장치는 움직이는 쿠션을 통해 조절이 가능하고, 외부에서 가해지는 일정한 압력을 이용해 치료한다. 혼자 힘으로는 평온을 찾지 못하고 늘 흥분 상태에 있는 아이들이 특히 이 장치에 긍정적인 반응을 보인다. 맨체스터 대학교 심리학자인 두걸 헤어Dougal Hare는 "그랜딘은 자신을 진정시키기 위해 직관적으로 옳은 일을 했다"고 말한다. "학자들은 우리가 접촉하는 압력이 얼마나 중요하고, 얼마나 다양한 효과를 보이는지 입증할 수 있게 되었다."

이에 따르면 약한 압력을 이용한 가벼운 접촉은 우리를 흥분시키고, 육체 안에서 일종의 스트레스 반응이 진행되는 것과 같은 결과를 보인다. 교감신경계가 활성화되기 때문에 심장 박동과 혈압, 호흡수가 증가한다. 이와 달리 강한 압력은 거꾸로 작용한다. 강한 압력은 마음을 진정시켜 부교감신경계가 우위를 점한다. 더 강한 압력을 받아 심장과 혈액순환 등 신체 기능이 느려진다. 강한 압력이 심리적인 고통을 진정시키고, 두려움을 완화시킨다는 연구결과도 있다.[5]

연구자들은 이처럼 접촉이 다양하게 작용하는 원인에 대해 연구하고 있다. 사랑스럽게 애정을 교환할 때 가볍고 조심스러운 신체 접촉이 이루어지는데, 이때 혈압과 맥박수가 치솟는다는 사실은 이미 알려져 있다. 나아가 연구자들은 가벼운 접촉이 스트레스 반응을 초래한다고 추측한다. 가벼운 접촉은 진화론적인 시각에서 볼 때 독거미와 곤충, 다른 성가신 동물의 접촉일 수 있고, 그래서 최고의 경보발령 상태가 내려지기 때문이다.

일상에서 접촉을 유용하게 활용하려면 파트너가 어떤 압력과 형태를 가장 좋아하는지 알아내는 것이 중요하다. 많은 사람들은 부드럽게 쓰다듬어 주면 육체적으로 별로 기분이 좋지 않다고 느낀다. 그들은 좀 더 세게 만져주기를 원하거나 상대가 육체적으로 더 우월하다는 사실을 느끼고 싶어한다. 물론 숨결처럼 가벼운 접촉을 절대적인 최고의 즐거움이라고 느끼는 사람도 있기는 하지만 말이다.

접촉과 공격성의 상관관계

사고나 느낌에는 한계가 없다.
항상 한계를 긋는 것은 두려움이다.
_ 잉그마르 베르히만

어떤 사람은 새로 만난 대상과 스스럼없이 신체 접촉을 한다. 또 어떤 사람은 잘 모르는 타인이 자신의 목에 매달리고 껴안으면 몸이 굳어지다 못해 마비되는 듯한 충격을 받는다. 접촉에 대한 욕구는 개인뿐만 아니라 민족에 따라서도 다른 경향을 보인다. 가령 유럽에서는 남부와 북부 간 차이가 있다. 지중해 연안 국가에서는 사람들이 서로 만지고 포옹하는 것을 좋아한다. 서로 거리 두는 쪽을 선호하는 냉정한 북부 독일인보다 몸이 훨씬 더 강조된다.

미국과 프랑스에서도 사회적 교제가 매우 다른 양상을 보인다. 맥도날드 패스트푸드점에서 청소년을 대상으로 조사한 결과 이런 사실이 확연하게 드러났다. 비교 대상으로 파리와 마이애미의 판매점을 선택했는데, 연구자들은 즉각 다음과 같은 현상을 발견했다. 미국 젊은이들은 사람들과 덜 접촉했다. 그들은 서로에게 자주 기대지 않았으며, 프랑스의 같은 또래 젊은이들보다 친구와 동료들을 쓰다듬고 포옹하고 입을 맞추는 빈도가 훨씬 적었다.[6] 그 대신 마이애미 출신 젊은이들은 훨씬 공격적이었다. 그들은 언어뿐만 아니라 육체적으로도 상대에 대해 훨씬 더 공격적인 성향을 드러냈다.

물론 이는 짧은 시간 동안 관측한 결과에 불과하다. 그럼에도 대서양을 사이에 두고 진행된 이 조사는 접촉이 공격성을 누그러뜨려 준다는 증거를 제공했다. 이 조사결과를 가지고 특정 국가의 국민성이나 사회적 갈등 상황을 추론하는 것은 지나친 확대해석이다. 하지만 사람들이 얼마나 포옹하고 가볍게 두드려 주는지 혹은 여가시간조차 상대방에게 거리를 두고 살아가는지를 엿볼 수 있다는 측면에서는 의미가 있다.

가까움의 실제적 효용성

인간은 다양한 형태의 접촉을 원한다. 많은 사람들이 팔에 안기는 것을 좋아하는 반면, 어떤 사람들은 부드럽게 쓰다듬어주기를 바란다. 또 어떤 사람들은 신체 접촉을 덜 필요로 한다. 그렇다고 그들이 냉정하거나 무뚝뚝하지는 않다. 많은 아이들은 자신을 안아주고, 쓰다듬어주며, 귀여워해주는 사람을 좋아한다. 뮌헨 대학교 하우너 어린이병원의 어린이 성장 및 소아신경과 수석의사인 플로리안 하이넨은 "포옹하는 사람과 포옹하지 않는 사람이 있다"고 말한다. "어떤 아이들은 몸을 비비는 것을 아주 좋아하고, 어떤 아이들은 그럴 필요성을 별로 느끼지 않는다. 물론 이를 통해 아이들의 성격이나 성장 내용을 단정해서는 안 된다."

성인과 연애 문제에 있어서는 상황이 사뭇 다르다. 어떤 사람은 누군가를 쓰다듬고, 누군가가 자기를 쓰다듬어 주기를 원한다. 또 어떤 사람들은 거의 그럴 필요를 못 느낀다. 사람들에게는 저마다 민감하고 예민하며 특별한 기쁨을 주는 신체 부위가 있다. 이와 반대로 짜증을 유발하거나 두려움과 고통을 주는 접촉도 있다. 그러므로 사랑하는 커플은 상대의 성향을 세심하게 고려할 필요가 있다.

때로 접촉은 말로는 불가능한, 상대방을 이해하는 열쇠가 되기도 한다. 가족치료사이자 명상가인 마거릿 컬렌은 다루기 힘든 학생에 대한 한 여교사의 경험을 적었다. 이 여교사는 아담의 통제되지 않는 감정 폭발에 대해 항상 일상적이고 신경질적인 말, 그러니까 "더 이상 못 참겠다"나 "그건 정상이 아니야"로 반응을 했지만 농감 명상 이후 태도를 바꿨다. 흥분한 학생에게 "내 어깨에 머리를 기대고 긴장을 풀어라"고 말한 것이다.

그러자 30초 후 그 학생은 잠이 들었다. "내가 그를 부드럽게 대하고, 너 때문에 화가 났다는 얼굴 표정을 짓지 않자 그는 금세 흥분 상태에서 벗어날 수 있었다"고 경험담을 적었다.[7] 놀랍게도 어깨에 머리를 기대거나 빙 둘러선 채 손을 잡거나 둘이 손을 맞잡는 등의 신체 접촉은 세계 어디서든 비슷한 감정을 불러일으킨다.

촉감이 좋아

접촉을 통해 사랑에 빠지는 경우,
그 사랑은 더욱 깊어진다.

_ 블라디미르 나보코프

접촉은 많으면 많을수록 우리에게 이롭다. 일상에서도 유쾌한 촉
각적 경험을 해보는 것이 좋다. 결코 어려운 일이 아니다. 몇몇 여성
들은(남성들은 드물다) 옷감 상점에서 판매하는 천과 직물, 그리고 다
른 섬유의 보들보들하고 부드러운 감촉이나 기분 좋은 특성을 느끼
는 일을 아주 좋아한다. 오로지 이런 이유 때문에 자주 옷감가게를
찾는 사람도 있다. 비단같이 부드럽거나 테리 직물처럼 피부에 비벼
보고 싶은 '제대로 된' 침대커버, 기분 좋게 피부에 닿는 속옷, 쾌적하
게 입을 수 있는 파자마나 고급 옷감은 청명한 기분을 만들어주고 마
법처럼 일상에 작은 행복을 가져다준다.

사람들에게 좋은 느낌을 주는 것이 항상 매끄럽고 부드러울 필요는 없다. 나무를 껴안는 풍습은 무언가 단단하고 거칠며 현실적인 것, 그래서 "현실에 기반을 두고 있다"고 느끼려는 고상한 감정 또는 덜 비장하게 표현해서 마음을 가라앉히고 싶은 욕망에서 나온 것 같다. 말을 타는 사람들은 바지를 통해 직접 말과 접촉하기 때문에 이런 취미에 열광한다.

　아이들도 색이나 무늬가 특별한 돌을 바지주머니에 넣고 다니며 손으로 만질 때의 멋진 느낌을 알고 있다. 때론 호신용으로 때론 행운을 안겨주는 마스코트나 부적으로 특정한 돌을 몸에 지니고 다니는 아이들은 밤이 되면 그 돌을 꺼내 침대 머리맡에 놓기도 한다. 매끈한 돌을 만질 때의, 차갑고 묵직하면서도 부드러운 느낌은 많은 아이들을 매료시킨다.

　다양한 형태와 색을 가진 나무나 돌 또는 다른 유연한 재질로 된 어른용 '손노리개'도 있다. 이런 물건의 유일한 목적은 좋은 촉감을 느끼는 것이다. 이런 작은 보조도구들이 좋은 느낌을 매개하고, 사람들의 관계를 더욱 우호적으로 만드는 데 기여하기도 한다.

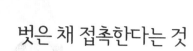

벗은 채 접촉한다는 것

입은 옷을 아무리 벗는다고 해도 우리는 결코 벌거벗지 못한다.
벌거숭이는 정신의 현상일 뿐, 옷을 벗는 현상이 아니기 때문이다.

_ 페르난도 페소아

벌거벗은 육체는 대단히 매력적이다. 이는 의심의 여지가 없다. 그러
나 나체가 반드시 에로티시즘이나 섹슈얼리티와 연관되는 건 아니다.

2012년 6월, 1,700여 명의 낯선 사람들이 새벽 3시 15분 뮌헨에서
만났다. 그렇게 많은 사람들이 이른 시간에 자발적으로 만나는 것 자
체가 보통 일이 아니다. 더 특이한 것은 이들이 벌거벗은 상태이거나
옷을 벗는 중이었다는 점이다. 미국 예술가 스펜서 튜닉Spencer Tunick
의 사진 촬영을 위해 그들은 아침 일찍 시내 마르슈탈 광장에서 포즈
를 취했다. 먼저 그들은 옷을 벗고, 그 다음 자기 몸에 불투명 물감을
칠하고, 빨간색 몸과 금색 몸을 이용해 리하르트 바그너의 '니벨룽겐

의 반지'를 만들었다.

"몸에 칠한 색깔 때문에 벌거벗었다는 느낌이 전혀 없었다"라고 이 행사에 참가했던 젊은 여성은 말했다. "이 때문에 개개인을 알아보는 것이 훨씬 더 어려웠다." 그들은 피부뿐만 아니라 머리카락, 심지어 콧구멍과 귓구멍까지 칠했다. 덕분에 사람들은 전혀 벌거벗은 것 같지 않았다고 입을 모은다. 오히려 옷을 입은 듯한 느낌이었다. 시간이 지나면서 모든 참가자들이 물감을 칠한 상태에서 거꾸로 소외당하고 있다는 곤혹스러움이 찾아왔다.

사진촬영은 지체됐다. 6월 뮌헨의 이른 아침은 매우 서늘해 자발적으로 참가한 사람들은 시간이 지나면서 추위를 느꼈다. 한 여성이 "우리 포도송이처럼 모여서 서로 껴안고 온기를 나눕시다"라고 말했다. 섹슈얼리티나 에로티시즘과는 아무 관계가 없는 일이었다. 그들은 다만, 다른 사람과의 접촉을 통해 온기를 나누었고 그렇게 껴안으며 소외감을 해소했다.

살갗 위를 독거미가 기어다니는 느낌

우리는 관객을 가르치는 것이 아니라 그들과 접촉해야 한다.

_ 메릴 스트립

그는 긴장을 풀고 침대 위에 누워 휴식을 취했다. 자신의 길을 가로막던 악당 중 한 명을 방금 처리했다. 그런데 갑자기 제임스 본드의 가슴 위로 기어다니는 타란튤라 거미가 눈에 들어왔다. 정보요원인 본드는 숨을 멈추고 움직이지 않는다. 믿을 수 없다는 듯 독거미를 주시할 뿐. 그의 눈에 불안감이 감돌았다. 본드는 신중하게, 다리가 여덟 개 달린 이 훼방꾼을 처리했다.

1962년에 개봉된 영화 〈제임스 본드 007 살인번호 Dr. No〉에 나오는 이 장면을 보면 기분이 나빠진다.

영화를 막 보고 있거나 그 내용을 생생하게 기억하는 사람들을 소름 끼치고 짜증나게 만든다. 거미가 자기 피부 위에서 꿈틀거린다는 느낌을 지울 수 없기 때문이다. 소름이 돋는 것은 어쩔 수 없다. 안락의자에 편안하게 앉아 영화를 보는 관객은 그 위험한 독거미가 자신과 아주 멀리 떨어져 있다는 사실을 알고 있지만 느낌만은 어쩐지 생생하다. 불감증에 걸리지 않았다면 피할 수 없는 현상이다. 인간은 일종의 '촉각적 동감'을 갖고 있다. 접촉은, 특히 그것이 당혹스러움을 느끼게 하는 경우, 다른 사람에게 일어나는 현상을 보기만 해도 영향을 받는다.

사람의 가슴이나 다리 또는 다른 곳을 잡거나 그 부위의 피부 위에서 무언가가 움직이면 전두엽과 두정엽 사이에서, 이른바 뇌의 2차 전운동 피질에서 촉각이 활성화된다. 이곳 대뇌피질에서 특수한 신경세포가 접촉 장소와 종류, 방식과 강도를 기록하고 처리하며 아주 신속하게, 일어나는 일이 우호적이고 유쾌한 것인지 아니면 적대적이고 위험한 것인지를 인식한다.

영화에서 거미가 제임스 본드의 가슴 위를 기어다니는 장면을 볼 때, 뇌에서는 거의 동일한 활성화 패턴이 일어난다.[8] 무감각한 사람이 아니라면 영웅적인 스파이와 비슷한 간지러운 느낌을 받을 것이다. 진화 역사상 아주 오랜 기간 적응한 결과, 작고 가볍게 꿈틀거리는 접촉을 느끼면 위험신호가 우리에게 전달된다. 실제로 우리에게 호의적이고 애정 어린 사람이 접촉한 것인지 아니면 위험한 곤충이나 거미 또는 뱀이 접촉한 것인지는 문제되지 않는다. 그리고 예민한 신경 경로도 아주 비슷하게 반응한다. 뇌에서 이루어지는 신경 처리는 거의 구별되지 않는다. 우리가 직접 접촉을 하든 아니면 다른 사람이 접촉당하는 것을 보며 그로 인해 고통을 받든, 그것은 상관없다. 실제로 자기공명영상MRI은 자극이 뇌 속에서 아주 비슷한 과정을 거친다는 사실을 보여준다. 그리고 바로 이것 때문에 흥미진진한 이야기나 영화 장면에서 감동을 받거나 화가 나는 것이다.

나중에 알려진 사실이지만 처음에 촬영 작업을 진행하면서 침대에 누운 숀 코너리를 먼저 찍은 뒤 유리 위를 기어가는 독거미를 따로 촬영해 합성하기로 했었다. 노련한 코너리도 거미에 대해 엄청난 두려움을 갖고 있었던 것이다. 그러나 영화감독은 촬영 결과에 만족하지 못했다. 장면이 사실적이지 않았기 때문이다. 그래서 스턴트맨 밥 시먼스의 노출된 피부 위로 거미를 기어가게 했다.

말 그대로 '접촉 체험'이다. 훗날 시먼스는 오랜 스턴트 경력 중에서 이 경험이 가장 공포를 느낀 체험이었다고 털어놓았다. 타란툴라 거미에게 물리는 것은 그다지 위험하지 않으며, 말벌에 쏘이는 정도와 비슷하다는 것을 당시 그는 알고 있었을까?

피부병의 심리적 전염성

나는 너처럼 되고 싶지 않아.

_ 익명

우리가 다른 사람의 접촉에 대해 감정이입을 강하게 할 경우 신체적 반응이 유발될 수 있다는 사실은 그리 놀라운 게 아니다. 의학자들은 연구를 위해 입술 헤르페스(구순포진)에 잘 걸리는 사람들을 조사했다. 절반의 실험대상자에게 그들이 구역질을 일으켰던 사진을 보여주었다. 죽은 파리가 둥둥 뜬 유리컵이나 더러운 부엌이 찍힌 사진이었다. 참가자들은 이런 오물들을 즉각 치워야 한다고 생각했다.

또 다른 절반의 실험대상자에겐 아무런 영향을 미치지 않는 사진을 보여줬다. 얼마 후 연구자들은 실험참가자들의 입술에서 다음과 같은 특징이 나타난 것을 발견했다. 먼저 구역질나는 사진을 봐야 했거나 더러운 물건과의 접촉을 상상했던 실험대상자 중 40퍼센트에서 헤르페스 수포가 생겼다. 이와 달리 아무런 영향을 미치지 않는 사진을 보았던 실험대상자들의 입술에는 수포가 발생하지 않았다.[9]

의학자 우베 길러Uwe Gieler는 피부병 환자만 시각적 자극과 스트레스, 다른 자극에 대해 피부 반응을 보이는 것은 아니라는 사실을 독창적인 방식을 통해 입증했다. 마르부르크 대학병원의 심신의학과 의사인 그는 가려움증에 관한 강연을 열었다. 그는 이 강연에서 청중들을 몰래 촬영했다. 이, 벼룩 또는 구역질이 나는 주제에 관해 설명하는 동안 청중들은 자주 몸을 긁었다. 반면 길러가 기분 좋은 접촉기관인 피부에 관해 말하는 동안에는 아무도 몸을 긁지 않았다. 길러는 "가려움증은 남의 영향을 받기 쉽다"고 말한다.

그러나 이런 현상에 대한 정확한 메커니즘은 아직 밝혀지지 않았다. 길러는 "모든 것을 심리적인 문제로 전가하는 것도 어리석은 짓"이라고 말한다. 그는 피부에 생기는 모든 뾰루지를 심리적 문제나 스트레스와 연관시켜서는 안 된다고 주장한다. "설문조사를 해보면 피부병 환자의 70퍼센트가 스트레스를 받으면 고통이 더 심해지는 것 같다고 답변한다. 그러나 임상연구에서는 30퍼센트만이 실제로 검증됐을 뿐이다." 다만 실험을 해보면 많은 사람들이 불쾌한 접촉에 대한 상상에 민감하게 반응한다는 사실이 확인된다.

따돌림의 고통이 몸을 병들게 한다

나를 잡아라.
이 손은 다시는 무언가를 잡지 않을 것이다.

_ 영화 '매트릭스' 중에서

접촉하지 못하고, 함께 할 수 없으며, 어떤 그룹으로부터 배제된다는 것은 아주 고통스러운 일이다. "여기서 네가 얻을 것은 아무것도 없어. 안됐지만 너는 밖에 있어야 해"라는 신호가 오면 갑자기 명치에 타격을 입은 것 같은 통증을 느낄 수 있다. 캘리포니아 대학교의 신경과학자이자 사회심리학자인 나오미 아이젠버거Naomi Eisenberger는 "예기치 않게 공동체로부터 배제당하고, 유대감이 사라지는 상황에서 야기되는 고통은 말 그대로 형언할 수 없다"고 말한다. 자신이 사랑받지 못하고, 고독하며, 환영받지 못한다고 느끼면 육체적으로도 매우 고통스럽다는 것이다. 그러면 사회적 고통에 심리적 고통이 겹

쳐진다.[10]

이 여성학자의 놀라운 주장은 따돌림의 경험을 시뮬레이션했던 수많은 조사에 기초를 두고 있다. 한 연구에서는 한 명의 실험대상자와 두 명의 가상 인물이 컴퓨터 게임에서 서로 공을 던지게 했다. 그리고 어느 정도 시간이 지난 후 두 명의 가상 인물끼리만 서로 공을 던졌다. 의도적으로 배제된 실험참가자들은 심하게 화를 냈다. 동시에 그들은 열 자극이나 다른 사소하고 고통스러운 접촉에도 더 민감하게 반응했다.

실험대상자에게 거부하거나 동의하지 않는 얼굴 표정을 짓는 사람들이 등장하는 짧은 필름 클립을 보여주었을 때에도 통증 지각에 변화가 일어났다. 평소 "상대가 분명히 나를 반대할 거야" 또는 "나는 버림받은 느낌이 들어"라고 생각했던 근심스럽고 신경질적인 실험대상자들은 이 영상에 대해 인격이 성숙한 참가자들보다 훨씬 더 고통스럽고 민감하게 반응했다.

사회적 거부에는 육체적 결과도 뒤따른다. 최근 아이젠버거 연구팀의 조사에서 사회적 거부가 다양한 염증 수치 상승을 유발한다는 사실이 밝혀졌다. 염증 유발성 사이토카인(염증을 본격적으로 자극하는 전달물질)이 혈액 속에서 더 많이 순환하면서 통증 자극은 더 아픈 것으로, 불쾌한 접촉은 더 싫다고 느끼게 만든다는 사실도 드러났다.

이와 달리 사회적 친밀함과 유대감, 안전하다는 느낌은 통증을 완화시켰다. 실험참가자들이 파트너의 손을 잡거나 파트너의 사진을 볼 경우, 다양한 통증 자극에 대한 고통이 눈에 띄게 경감했다. 사회적 고통과 육체적 고통의 상호작용은 확실하게 양방향으로 작동한다.

동정심에서도 정신적 고통과 육체적 고통이 밀접한 상관관계를 보였다. 심리학자 나오미 아이젠버거와 매튜 리버만Matthew Liebermann은 특정 그룹에서 배제되는 사람들의 모습을 담은 비디오를 실험대상자에게 보여주며 그들의 뇌 활동패턴을 추적했다. 그 결과 실험대상자들의 뇌는 따돌림의 고통을 육체적으로 직접 느낄 때와 동일하게 반응했다. 그들의 신경회로 역시 비슷하게 반응했다.

사회적 고통과 육체적 고통은 공통의 신경 경로를 갖고 있다고 아이젠버거는 말한다. 아마도 거절이나 사랑하는 것을 잃는 상황은 근본적인 위협으로 지각되고, 이로 인해 뇌에서 비슷하게 '경로가 연결되는 것' 같다. 초기 부족사회나 대규모 가족 단위에서는 더 이상 공동체의 일부가 아니라는 사실은 생명을 위협할 수도 있었다.

집단은 개개인을 위험으로부터 보호해주며, 생존의 이점을 제공한다. 아이젠버거는 이러한 생존의 이점이야말로 육체적 고통과 정신적 고통의 밀접한 관계에 대한 진화론적 뿌리라고 생각한다.

뮌헨 기술대학교의 심신의학병원 의사인 페터 헤닝젠은 병원에서 치료하기 위해 이런 현상의 의미를 강조한다. 그는 "많은 환자들이 실직이나 이혼 같은 괴로운 인생사와 사회적 따돌림 등을 경험하면 육체적 고통이 증가한다"고 말한다. 등의 통증이나 소화 문제, 심계항진 같은 증상들은 운명적 사건이 발생한 직후나 심리적으로 문제가 있는 경우에 더 많이 발생한다. 이 때문에 사회적 지원을 받고, 안전하다고 느끼게 해주는 심리치료가 때로는 통증도 완화시킨다.

왜 예감은 적중하는가?

어떤 사람의 실제 모습은 그가 당신에게 드러내는 것이 아니라
당신에게 드러낼 수 없는 것에 있다.

_ 칼릴 지브란

가끔 간지러움을 느끼거나 영문을 알 수 없는 조바심이 들 때가 있다. 한 쌍의 연인이 불안한 기대감을 안고 마주보며 서 있다. 두 사람은 자신들이 갑자기 접촉을 하고, 키스하게 될 것이라는 사실을 느낀다. 지금이 바로 그 순간이라는 것을 그들은 어떻게 알까? 아기에게 음식을 줄 때도 비슷하다. 어른들은 아이의 입에 숟가락을 가져갈 때 자신의 입도 벌리면서 씹고 삼키는 운동을 따라 한다. 어른들도 배가 고픈 것일까? 그리고 하품과 웃음은 왜 그렇게도 전염성이 강한 것일까?

학계에서는 이런 현상을 공감이나 예감 또는 직관이라고 부를 수 있는지를 설명하기 위해 매력적인 가정을 제시한다. 행동과 움직임이 일어나기 전에 그를 예견하는 것, 거의 알아챌 수 없는 타인의 몸짓을 통해 다음에 무슨 일이 일어날지 예측하는 것, 신체 접촉이 이뤄지리라는 사실을 추론하는 것 등은 뇌의 두정엽에 있는 신경세포가 담당한다. 이런 신경세포는 자기가 행동하는 동안에 반응할 뿐 아니라 상대방의 태도에도 반응하기 때문에 '거울 세포' 또는 '거울 신경세포'라 부른다.

파르마 대학교 비토리오 갈레세Vittorio Gallese의 연구는 많은 환자들의 사회심리적·육체적 고통을 설명해주고, 사람들이 손을 잡을지 아니면 팔을 잡을지를 알 수 있게 하는 데 결정적으로 기여했다. 신경과학자인 갈레세는 20여 년 전에 생리학자 지아코모 리졸라티Giacomo Rizzolatti와 공동으로 거울 신경세포를 발견했다. 처음에 그는 원숭이에게서 공감하는 신경세포를 발견했고, 이후 연구 분야를 호모 사피엔스로 확대했다.

학자들의 연구결과는 신경 인식과 예견이 어디까지 가능한지를 보여준다. 거울 세포는 자신의 행동 과정에서 작동할 뿐만 아니라 상대방의 행동과 태도에도 민감하게 반응한다. 예컨대 원숭이든 사람이든, 다른 누군가가 바나나를 향해 손을 뻗었는데 막상 그 바나나를 잡는 모습을 볼 수 없을 때에도 거울 세포는 활성화된다. 행동 방법

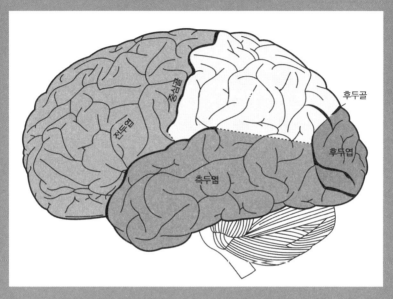

대뇌

공감과 직관을 담당하는 건 뇌의 두정엽에 분포한 신경세포들이다.
이 세포들은 자신의 행동뿐 아니라 타인의 태도에도 반응하기 때문에
'거울 세포'라고도 불린다.

이나 잡는 자세의 작은 차이도 신경세포의 자극에 영향을 준다.

리졸라티와 그의 동료들은 공감 세포의 하위 집단을 찾아냈다. 이 하위 집단은 바나나를 먹는지 아니면 용기에 보관만 하는지에 따라 다르게 반응한다.[11] 팔의 움직임이 보이기만 할 뿐 움켜쥐는지 아닌지를 확인할 수 없을 때에도 신경 활동은 다르게 반응한다. 그러니까 뇌는 접촉 의도를 분명히 인식할 수 있다. 상대가 단지 조용한 관찰자라도 마찬가지다.

행동이 어떤 인과관계에서 이루어지고, 어떤 목적을 실현하는가에 따라 활성화될 거울 신경세포가 선택된다. 심지어 원숭이조차 동일해 보이는 손동작일지라도 청소를 위한 것인지, 먹기 위한 것인지, 긁기 위한 것인지를 인식할 수 있다. 이런 신경 공명현상을 통해 상대방 행동을 예견하고, 그런 행동이 어떤 의도에서 나왔는지 이해할 수 있다. 그래서 관찰자들은 잔을 잡는 방법을 통해 와인을 마시려는 것인지 아니면 치우기 위한 것인지 추론하게 된다.[12] 직관과 공감, 곧 일어나게 될 접촉에 대한 민감한 예견은 모두 신경의 문제이다.

공감의 마술

다른 사람에게 중요한 인물이 될 수 있다는 느낌보다
우리를 더 행복하게 해주는 느낌은 없다.

_ 디트리히 본회퍼

시간이 지나면서 비토리오 갈레세는 더 이상 거울 신경세포에 큰
관심을 두지 않게 되었다. 오히려 그는 사람들이 자신의 신체를 어떻
게 지각하고 다른 사람이 접근하면 어떤 변화가 일어나는지 이해하
고자 했다. 말하자면 실제 접촉 이전, 타인의 행동에 대한 인간의 반
응을 연구한 것이다.[13] 갈레세는 "누군가가 가까이 접근할수록 심박
동과 느낌, 손의 감각이 변한다"고 말한다.

갈레세는 주변 환경과 마음, 신체 간 긴밀한 상호작용에 관한 신
경과학적인 증거를 다수 수집한 뒤 이를 자신의 저서에서 빅토르 폰
바이츠제커Viktor von Weizsacker의 이론과 결부시켰다. 폰 바이츠제커는

1932년 형태순환에 관한 이론에서 인간의 건강한 기능과 병약한 기능에 관한 이론은 자연법칙으로만 해석될 수 없으며, 경험을 통해 이해될 수 있다고 주장했다. 그에 따르면 신체적 경험은 항상 자기 자신과 다른 사람에 대한 지각에 편입돼 있다. 의료인류학 창시자 가운데 한 명인 폰 바이츠제커는 일찍이 질병의 사회적 차원을 개척했다.

갈레세의 조사결과는 심신의학자 페터 헤닝젠의 경험으로 보완되었다. 심신의학 분야의 많은 환자들은 타인에게 자신의 감정을 이입하는 데 적잖은 어려움을 겪는 것으로 알려져 있다. 헤닝젠은 "심신치료는 우리에게 중요한 역할을 한다"고 말한다. 최신 연구결과를 보면 몸의 새로운 경험은 통증을 완화시킬 뿐 아니라 환자가 더 많이 공감하고 다른 사람의 기분에 이입해 감동받을 수 있게 한다.

이런 원리를 터득한 사람이라면 공존의 특별한 매력도 새롭게 경험할 수 있다. 연애 중인 커플이 눈을 보거나 부끄러워 시선을 돌릴 때, 누군가가 괴롭힘을 당하는 모습을 고통스럽게 마주할 때도 느낌을 공유하는 이 신경센터가 개입한다. 마주앉아 대화를 하는 상대가 동시에 다리를 포개든, 보행자 전용구역에서 사전에 방향을 알려주지 않았는데도 마주 오는 사람을 피하든, 골키퍼가 페널티킥에서 공이 날아오는 쪽을 감지하고 그곳으로 몸을 날리든, 이 모든 것은 뉴런의 업적이라 할 수 있다.

시각장애인의 감각이 예민한 이유

인간은 보는 것을 꿈꾸는 맹인이다.

_ 크리스티안 프리드리히 헤벨

일반적으로 앞을 못 보는 사람들의 경우, 다른 감각은 훨씬 뛰어날 뿐 아니라 시간이 지날수록 좋아진다고 한다. 찰스 나윈도 광범위한 관찰과 연구를 한 뒤 생명체가 한 가지 감각에 집중하게 되면 그 감각이 더욱 발전한다고 주장했다. 시각장애인이 더 잘 듣고, 청각장애인이 더 잘 느끼는 것처럼. 현대의 몇몇 연구를 통해 다윈의 이런 추측이 입증됐다. 연구자들은 시각장애인들이 비장애인보다 더욱 예민한 청각을 지니며, 냄새도 더욱 잘 맡고, 냄새를 섬세하게 구별할 수 있다는 사실을 증명했다.

과학자들은 처음부터 시각장애인이 시각적으로 입력되는 것이 없기 때문에 외부 세계에서 들어오는 모든 영향을 표현하고 지각하기 위해 많은 공간 및 신경 기능을 이용할 것이라고 가정했다. 뇌는 적은 자극에 더 집중한다. 인식해서 분류하고 때로 저장해야 하는 시각적 자극이 뇌의 주의를 다른 곳으로 돌리지 않기 때문이다.[14] 시각적으로 뇌에 들어오는 정보가 없으면 다른 자극을 처리하기 위한 신경 예비용량이 실제로 늘어난다. 반대로 시각장애인들이 감각 처리과정에서 여러 가지 형태를 이용하고 조합하는 능력은 그다지 뛰어나지 않다.

시각장애인이 비장애인보다 촉각 면에서 우월하다는 증거는 (다른 감각에 비해) 아직 충분히 확보되지 않았다. 시각장애인들이 촉각 자극을 더욱 정확히 인식하고 구별하며 앞을 보는 실험대상자들보다 말 그대로 손끝 감각이 더 예민하다는 사실을 보여주는 조사가 있기는 하다.[15] 하지만 무언가를 잡고 접촉할 때 형태를 인식하는 것도 촉각에 포함되는데, 이 형태는 물건의 외관에 대한 시각적 관념을 갖고 있는 쪽이 훨씬 유리하다. 대상을 이해하는 데 있어 형태야말로 절대적인 요소이기 때문이다.

아마도 이러한 점이 많은 연구에서 시각장애인과 비장애인 간 지각의 차이가 거의 없는 것으로 나오는 이유일 것이다.[16] 진동 자극과 압력 지각, 거리 인식을 이용한 다양한 실험에서도 시각장애인이 우월하지 않거나 아주 조금 우월할 뿐이라는 사실이 드러났다.

앞을 보지 못하는 것과 촉각 및 접촉 감각에 관한 상관관계는 제시되는 과제의 종류에 따라서 다르게 나타나기도 했다. 가령 손가락으로 물건 형태를 따라 선을 긋고 인식하게 하는 경우, 시각장애인이 일반인보다 뛰어나지 않은 것으로 확인되었다.[17] 반면 손으로 들고 만져야 확인할 수 있는 특이한 물건의 경우에는 사정이 달랐다. 웨스턴켄터키 대학교 심리학자들은 연구를 통해 시각장애를 지닌 참가자들이 비장애인보다 촉각 샘플을 잘 인식했을 뿐만 아니라 3차원 형태를 쉽게 구별했다는 사실을 증명했다.[18]

태어날 때부터 시각장애를 가진 사람뿐만 아니라 후천적으로 앞을 보지 못하게 된 사람들도 촉각 샘플을 더욱 잘 인식했다. 특이한 점은 3차원 형태를 잘 인식하는 우월함이 정상적인 시각을 지니고 살다가 나중에 시각장애인이 된 사람들에게서 더 많이 나타났다는 사실이다. 그러니까 과거 사물을 보며 많은 물건의 외관을 기억할 수 있었던 점이 이런 3차원 인식 형태에서 중요한 요인이었던 셈이다.

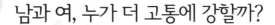

남과 여, 누가 더 고통에 강할까?

고통은 쾌락과 다르다.
나는 고통이 쾌락의 반대가 아니라는 것을 말하고 싶다.
_ 프리드리히 빌헬름 니체

때로 쾌락과 고뇌 사이에는 좁은 경계선이 있을 뿐이다. 유쾌한 느낌을 불러일으켰던 접촉이 갑자기 불쾌해지고, 고통스러워질 수도 있다.

남성과 여성 사이에는 오래 전부터 누가 더 민감하고, 고통을 잘 견디지 못하는지에 대한 논쟁이 있었다. 남성의 고통에 대한 편견은 다음과 같다. 남성들은 아무것도 견디지 못하고 엄살이 심하며 별에 별 것도 아닌 통증을 느껴도 신음소리를 낸다. 남성들은 충분히 동정을 받지 못하면 점점 더 심한 고통을 느낀다. 이런 편견을 퍼뜨린 사람은 여성들이다. 이와 달리 여성들은 스스로 맷집이 좋다고 생각한다. 여성들의 논거는 고통 속에서 아이를 출산한 사람이 인생의 다른 불쾌한 일 때문에 쉽사리 본궤도에서 벗어나는 일은 없다는 것이다.

남성을 '겁쟁이'라고 헐뜯었던 일은 이제 곧 종지부를 찍을 것 같다. 남성들의 명예를 회복시켜준 건 그라츠 대학병원 의사들이다. 집중치료 전문의 안드레아스 잔트너-키슬링이 주도한 연구팀은 2014년 여름 스톡홀름에서 열린 유럽마취과의사회의에서 자신들의 연구를 소개했다. 이 연구에 따르면 남성들은 큰 수술 후 통증에 더 민감하다. 반대로 여성들은 작은 처치를 받은 후 심하게 고통을 호소한다. 잔트너-키슬링은 "의료적인 처치 후에 느끼는 통증의 정도에는 분명 성별이 모종의 작용을 한다"고 말한다.

오스트리아 의학자 잔트너-키슬링은 보쿰 출신 동료들과 함께 1만여 명이 환자들을 조사해, 외과적 처치 후 24시간 동안 고통 성노를 관찰했다. 전체적으로 남성과 여성이 고통을 느끼는 정도는 비슷했다. 그러나 어떤 처치가 큰 문제를 안겨주었는지에 대해 조사하자 다른 양상이 나타났다. 조사대상 남성의 27퍼센트가 대규모 처치 후 고통을 호소한 것으로 보고됐다. 가령 허리 수술이나 혈관이식 수술 후 통증이 심하게 나타났다. 반면 여성들은 작은 처치에 더 민감했다. 조사대상 여성의 34퍼센트가 조직샘플을 채취하거나 내시경 처치를 받은 후 고통을 호소했다. 잔트너-키슬링은 "처치의 종류와 난이도가 중요한 것 같다"고 말한다.

남성과 여성 중 누가 어떤 상황에서 더 민감한지에 대해서는 연구자들의 의견이 일치하지 않는다. 2012년 캐나다 학자들은 그동안 발표된 지식을 요약정리했다. 이에 따르면 남성과 여성은 냉기 자극과 온기 자극에 대해서는 놀라울 정도로 비슷한 통증 수치를 보인 반면, 여성들은 압통에 민감하게 반응했다.[19] 여성은 남성만큼 심한 압통을 기꺼이 받아들일 각오가 되어 있지 않아, 동일한 통증 강도에도 더욱 고통스럽게 반응한 것이다. 몬트리올 대학교의 멜라니 라신Melanie Racine은 "다수의 연구에서 확인됐듯이 대부분의 통증 형태에서는 남성과 여성 간 차이가 없다"고 말한다.

여성이 통증에 민감한 이유로는 먼저 통증 억제 메커니즘을 침해하는 호르몬의 영향을 들 수 있다.[20] 또 출신 가정 동성 롤모델의 통증 반응형태가 적지 않은 영향을 준다. 자기 어머니가 항상 두통으로 침대에 누워 있거나 조금만 피곤해도 소파에 앉아 쉬면 딸도 비슷한 행동을 하게 될 개연성이 높다. 그와 달리 어머니가 통증에 민감하게 반응하지 않고 아픈 걸 내색하지 않으면, 딸들도 고통에 둔감하게 반응하는 태도를 닮는다.

또한 고통을 예상하는 정신적 태도도 큰 역할을 한다. 치과에 가기 전 미리 극심한 통증을 상상하면 실제 치료과정에서도 더 심한 통증을 느낀다. 반면 치료 자체를 대수롭지 않게 생각할 경우, 똑같은 통증도 그리 심하지 않게 받아들인다.[21] 윈스턴–세일럼 대학교 학자들은 육체적 고통이 얼마나 주관적인 것인지를 실험을 통해 증명했다. 그들은 "불쾌한 감각의 강도는 사전에 얼마나 고통을 예상했는지가 결정적인 영향을 끼친다"고 결론지었다.[22]

　　연구를 주도했던 신경과학자 로버트 코그힐Robert Coghill은 "우리는 공기가 없는 공간에서는 고통을 체험하지 않는다"라고 말한다. "더불어 고통은 학대받는 신체 부위에서 오는 신호의 결과일 뿐만 아니라 사람마다 다른 정신적 환경에서 발생한다." 이런 맥락에서 항상 최악의 경우를 예상하는 사람은 아마 여성 쪽이 더 많을 것이다.

접촉, 돈이 되다

잘 참아낼 수 있는 특정 거리가 있다. 40~50센티미터 사이. 그 이상은 참기 힘들다. 대부분의 사람은 이 공간적 거리를 다른 사람들을 받아들일 수 있는 최소 거리라고 말한다. 낯선 사람이 이보다 더 가까워지면 압박감과 위협을 느낀다. 놀랍게도 여기에는 개인차가 거의 없어, 누군가 더 가까이 접근하면 이를 금세 '간섭'으로 여기고 불청객으로 간주한다. 상대가 이 거리보다 더 가까이 접근하면 저절로 뒤로 물러서고, 입을 다물거나 당혹스러워하며 어쩔 줄 몰라한다.

사람들은 접촉에 대해 특이한 태도를 보인다. 많은 성인들은 설문조사에서 파트너가 자신을 원하는 만큼 만져주지 않거나 포옹해주지 않는다고 하소연한다. 하지만 다른 한편으로 접촉을 갑작스러운 침해로 간주하기도 한다. 버스나 기차를 타고 있을 때 묻지도 않은 채 비어 있는 옆자리에 앉는 사람이 있으면, 무례하고 뻔뻔하다고 느낀다.

부부치료사 볼프강 슈미트바우어는 잡지 〈SZ〉에서 가까움과 거리에 대해 오락가락 하는 이 같은 욕구에 대해 "우리는 더 걱정스러워 만져, 만져, 만져, 만져요 나를, 더럽혀지고 싶어요!
황홀하게, 오싹하게, 채워줘요 나를, 밤의 창조물이여.

_ 록키 호러 픽쳐 쇼

졌다"라고 말했다.[23] 사람들 간 관계는 갈수록 움츠림과 기피, 차단이라는 방향으로 형성되고 있다. 이에 대해 슈미트바우어는 다음과 같이 설명한다. "많은 사람들이 불안감을 느끼고 쉽게 마음의 상처를 받기 때문에 친밀성을 얻고 싶어한다."

기회는 충분히 많다. 스파 또는 미용실에서 매니큐어 손질을 받으면서 사람들은 두피를 문지르고, 손을 쓰다듬으며, 허리를 주무르게 할 수 있다. 접촉 산업 서비스 제공자들은 거리끼는 경계를 허물고 대담하게 접근할 뿐만 아니라 접촉의 대가로 놀라울 정도로 많은 금액을 받는다. 물론 양로원이나 병원에서 일하는 간호 인력들도 긴밀한 신체 접촉을 피할 수가 없다. 그러나 이것은 접촉 산업과는 다른 차원이다. 왜냐하면 그들의 업무는 곤궁함과 창피함, 신체 배설물과 관계가 있기 때문이다. 현대의 접촉 산업에서는 신체 접촉이 매우 바람직하거나 환영받을 만한 부차적 영향력을 행사한다.

접촉하는 일에 종사한다는 것

많은 사람들이 실제와 상관없이
스스로 신체적으로 병들어 있다고 생각하듯이,
많은 사람들은 실제와 상관없이
스스로 정신적으로 건강하다고 생각한다.

_ 게오르크 크리스토프 리히텐베르크

"많은 사람들이 나에게 온다. 왜냐하면 오랫동안 그들을 만져준 사람이 없었기 때문이다"라고 한 젊은 여성이 말한다. "내가 손으로 쓰다듬으면 그들은 나에게 아주 개인적인 일을 이야기하고, 심지어 울기까지 한다." 그렇게 말하는 여성은 에로틱한 마사지를 전문으로 하는 것도 아니고, 손을 올려 기치료를 하는 사람도 아니다. 오히려 이 여성은 수술을 했거나 사고를 당한 환자와 부상자를 도와준다. 안네그레트 E.는 물리치료사이자 심리치료사이다. 그녀가 매일 하는 일은 생판 모르는 사람들을 만지는 것이다.

안네그레트는 "늙고 고독한 사람들은 일주일 내내 나와 만날 날을 즐거운 마음으로 학수고대한다"고 말한다. "이는 그들에게 아주 중요한 순간이다." 그렇다고 이 여성 치료사가 특별한 일을 하는 것은 아니다. 그녀는 손상된 반달연골이나 골절된 다리를 움켜쥐고, 어깨가 삐거나 인대가 파열되면 팔을 움직여주고, 때로는 그 팔을 자기 몸에 갖다대고 누른다. 등에 통증을 느끼는 환자의 상체를 뒤에서 껴안기도 한다.

이는 그녀가 일상적으로 하는 일로, 에로틱이나 연정과는 아무런 관계가 없다. 그녀에게 중요한 것은 오직 환자들을 움직이게 하고, 관절과 근육이 본래 기능을 발휘할 수 있도록 돕는 일이다. 그러나 그녀의 병원에 오는 환자들에게는 이렇게 만지는 것이 일상적인 일이 아니다.

접촉을 통해 신체적인 가까움뿐만 아니라 정신적인 가까움이 생기기도 한다. 그러면 많은 사람들이 마음을 열고, 자신의 감정을 마음껏 털어놓는다. 안네그레트는 "여기서는 많은 이들이 울부짖고, 흐느끼며, 때론 내게 모든 것을 털어놓는다. 따라서 나는 가장 친한 친구들만 알고 있을 환자들의 근심거리를 듣게 된다"고 말한다. 물리치료사이자 심리치료사인 그녀는 전문적으로 만지는 사람이며 동시에 정신을 위로하는 사람이다. 마음속에 있는 말을 한바탕 쏟아내는 사람들에게 그녀는 '정신적 쓰레기통'이 되기도 한다.

안네그레트는 직업상 다른 사람들과 어쩔 수 없이 가까움을 맺을 수밖에 없다. 이로 인해 오해를 초래하기도 한다. 특히 남성 고객들은 이 여성 치료사가 자신에게서 뼈나 힘줄, 근육을 원상태로 돌려놓는 것 이상을 원한다고 착각하기도 한다. 그래도 그녀는 환자들을 아주 다정하고 조심스럽게 만지고, 다른 어떤 사람들보다 가까이 다가간다.

안네그레트는 그녀 앞 의자에 앉아 팔과 다리를 쭉 뻗고 누운 남성들이 발기가 될 경우 치료를 거부한다. 접촉하는 직업을 가진 여성들만 그런 상황에 처하는 것은 아니다. 한 미용 스튜디오의 남성 운영자도 피부 관리를 위해 자신이 약간 늦게 도착했을 때 여성 고객이 작은 방에서 완전히 옷을 벗고 있었다고 토로한다. "그날은 얼굴만 관리하기로 돼 있었다." 또 다른 여성도 얼굴만 관리받기로 예약했지만 거터벨트만 착용한 채, 나머지는 모두 벗은 상태였다.

안네그레트는 대부분 여성들이 수행하는 정신적·육체적인 복합 과제를 다른 직업 그룹과 공유했다. 여성 마사지사와 여성 미용사, 여성 이발사와 네일스튜디오 여성 직원들도 남성 고객들과 육체적으로 근접해 있다. 외롭고 파트너가 없거나 있더라도 그 파트너가 충분히 만져주지 않는 사람들은, 그곳에서 만난 여성들이 자신을 만져주고, 더 좋은 일을 해주기를 원한다. 이 점이야말로 접촉 산업에 종사하는 여성들에게 가장 골치 아픈 문제다.

커들 파티에서

사람들이 서로 손을 잡거나 같이 침대 안으로 들어간다.
그 사이에는 아무 것도 없다.

_ 익명

정말 맞는 진단인 것 같다. 뮌헨과 그 주변에서 다양한 목표 그룹
을 위해 '커들 파티'를 조직하는 자칭 '커들 장인'은 "인간은 정신적일
뿐만 아니라 육체적·감정적·사회적 존재다"라고 말한다. "인간은
우리 사회가 제대로 만족시키지 못하거나 피상적으로만 만족시키는
욕구를 갖고 있다. 그런 맥락에서 자격을 갖춘 사람의 지도를 받으며
어떤 불순한 의도 없이 껴안아주는 행위cuddling는 접촉 결핍을 방지할
수 있다."

이 커들 장인이 "말이나 돌고래와 함께 있는 것보다 조심스럽게 서
로 몸을 껴안은 채 사람들 사이에 함께 있는 것이 건강에 좋은 영향

을 미친다"고 설명했을 때는 다소 우습기도 했지만 이것이야말로 커들 파티의 의미와 목적을 정확하게 파악한 것이라는 생각이 들었다. 업계에서는 전적으로 치료를 목적으로 하는 '버터플라이 돌핀 영법'과 '말 쓰다듬기'보다 사람 사이의 기분 좋은 접촉을 더 중요하게 여기게 됐다.

그럼에도 의무를 지지 않고 만지는 것에는 커다란 위험이 도사리고 있다. 그래서 어느 서비스 제공자에게 문의하든 그들은 한결같이 '행복호르몬 충전'을 위해 커들 파티가 '안전한 공간'에서 개최되어야 한다는 것을 가장 강조한다. 섹스와 에로틱은 어떤 역할도 하지 못하기 때문에 이런 모임은 싱글 클럽이나 스윙어 클럽과는 전혀 관계가 없다. 평생을 같이 할 파트너나 그저 하룻밤 같이 보낼 파트너를 찾는 사람에게 커들 파티는 전혀 어울리지 않는다. 어딘가를 움켜쥐거나 애정 관계를 맺으려는 사람도 마찬가지다. 말이나 돌고래는 그렇게 할 수 있을지 모르지만 커들 파티는 아니다.

서비스 제공자들이 말했듯이 "치료 환경에서의" 포옹 행위는 이미 1980년대부터 독일에서 제공돼왔다. 이것이 조직화된 접촉 산업으로 발전해 지난 10년 동안 붐을 일으켰다. 커들 파티 활동가들은 이런 경향을 "접촉 산업이 폭넓은 손님을 위한 웰니스 모임과 자아 발견 모임으로 변화되었기 때문"이라고 설명한다. 이 과정에서 진행자가

페테르 브뤼헐, '농가 앞마당에서 벌어진 결혼잔치'(1620)

잔치란 본래 이런 거였다.
어른과 아이, 여자와 남자들이 한데 모여 먹고 춤추며 서로의 체온을 확인하는 것.
오늘날 도회인의 잔치에서는 이런 친밀함이 거세되어 버렸다.

참가자들에게 안전하고 자유로운 공간을 제공하고, 한계를 넘어서거나 거칠게 추근대지 못하게 하는 근간은 변함없이 유지되고 있다.

이 분야에 관한 역사 서술에 따르면 2004년 미국 뉴욕에서 최초의 커들 파티가 열렸다. 그로부터 얼마 지나지 않은 2005년 1월 독일 베를린에서도 커들 파티가 열렸다. 같은 해 가을 독일 뮌헨에서 이미 세 명의 커들 파티 조직자들이 서비스를 제공했고, 뮌헨의 커들 장인들이 말하듯이 "그후 이 도시에서 가장 다양한 커들 파티 행사가 열리고 있다." 많은 개최자들은 장난 싸움 파티나 재미로 하는 싸움을 추가로 제공한다. 사람들은 제대로 한번 싸워보고 싶어한다.

동일한 개최자가 커들 파티와 장난 싸움 파티를 함께 제공하는 것은 더 이상 놀라운 일이 아니다. 최근 학자들은 접촉이 어떻게 인식되는지는 압력 강도가 결정한다는 사실을 발견했다. 상냥하고 부드러운 접촉은 호흡과 맥박수, 혈압을 올리고, 가벼운 스트레스 반응을 동반한다. 그러면 전형적인 스트레스 호르몬인 코르티솔 분비가 증가한다.

이와 달리 강한 압력은 마음을 진정시키고, 신체의 스트레스를 낮춘다. 즉 혈압과 맥박이 떨어진다. 경우에 따라 선택을 하면 된다. 에로틱한 관계로 얽히지 않고 활기를 불어넣어 줄 자극을 원하는 사람에게는 커들 행위가 적합하다. 반면 목덜미를 몇 대 맞을 각오를 하고 있는 사람에게는 잘 짜인 싸움 놀이가 분명 마음을 진정하고 긴장을 해소시키는 작용을 한다. 참가자들의 경험도 긍정적이다.

'우테'라는 여성은 '커들 장인'에게 보낸 편지에서 "나는 남편과 이혼 숙려기간 중이고, 내면적으로 너무 상처를 받아 더 이상 실망이나 괴로운 감정에 시달리고 싶지 않다"라고 밝히며, 파트너라는 의무를 지지 않는 신체 접촉을 원하는 이유를 설명했다. 다른 여성 참가자는 편지에서 "당신이 만든 커들 파티가 있어 얼마나 좋은지 모르겠어요. 이 파티는 나를 강하게 만들고, 이제 나는 관계라는 쓰레기로부터 어느 정도 안전하다고 느끼고 있습니다"라고 밝혔다. 또 다른 여성 참가자는 잠시 동안 커들 행위를 한 이후 자신이 "부드러워졌다"는 느낌이 들었는데, 일상생활에서 다른 방식으로는 이런 상태를 만들지 못할 것이라고 말했다. 이 여성은 접촉을 통해 얻은 경험으로 거의 2주일을 버티며 생활하고, 2주일이 지나면 다시 커들 파티에 참석한다.

물론 베를린에는 이보다 직접적으로 본론에 들어가는 접촉 클럽도 있다. 이를 위해 사람들은 외투를 벗고 신발과 스웨터, 티셔츠 및 바지를 벗는다. 손님은 속옷도 벗어야 한다. 손님들이 벌거벗은 상태로 긴 의자에 배를 깔고 누워 이불을 덮으면 미카 라이히가 일을 시작한다. 그녀는 전문적인 '여성 접촉가'이다. 그러나 직업여성은 아니다. 그녀는 두 시간 동안 접촉한 대가로 현금 150유로를 받는다. 성적인 서비스는 전혀 제공하지 않는다. 다만 영혼을 위해 몸을 쓰다듬어준다. 피부를 쓰다듬어주는 행위는 대부분의 사람들에게 정신적 진통제가 된다.

라이히는 〈쥐트 도이체 차이퉁〉과의 대담에서 "처음으로 나는 금세 아주 마음에 드는 직업을 얻었다는 느낌을 받았다"고 말했다.[24] "내 고객들은 웰니스를 원하지 않는다. 그들은 창녀를 원하는 것도 아니다." 섹스가 없는 신체 접촉은 일반적으로 사람들이 상대방을 만지지 않는 사회에서는 매우 필요하다. 한 남성 고객은 치료 후 "한결 밝은 마음으로" 집으로 돌아갔다고 증언한다. 이 여성 접촉가에게 서비스를 받는 사람들은 파트너가 있고, 성생활을 함에도 불구하고 그들과의 관계에서 부족하다고 느꼈던 것을 여기에서 얻는다. 또 어린 시절 신체 접촉을 거의 받지 못한 많은 사람들이 그 당시 자신이 경험하지 못했던 것을 지금 보충하고 있다.

문제는 헤어스타일이 아니야

머리카락이 있는 한 사람들의 헤어스타일은 동일하다.

_ 익명

많은 여성들은 자주 미용실을 찾는다. 미용실에서 머리카락 끝을 다시 한 번 다듬고, 포니테일을 다시 묶으며, 옆쪽 머리카락을 약간 쳐내고, 부분 염색을 한다. 또 여성들은 그냥 "더 의지할 곳"을 찾아 혹은 "기분이 더 좋아지기" 때문에 이곳에 간다. 미용실을 다녀왔지만 거의 머리 모양이 바뀌지 않는 경우도 있다. 남성들은 아름다운 여성이 미용실에 다녀왔다는 사실을 거의 알아차리지 못한다. "당신은 내가 미용실에 갔다온 것을 전혀 모르네요!" 남성들은 이런 비난을 자주 듣는다.

하지만 그 미세한 차이를 남성들이 대체 어떻게 알아볼 수 있단 말인가. 많은 여성들이 자주 미용실을 찾는 이유는 머리카락을 몇 밀리미터 자르기 위해서가 아니다. 우리가 자주 듣는 "미용사에게 머리 마사지 받는 것은 멋진 일이야"라는 말은, 메이크업 전문가를 찾아갔을 때 하는 기분 좋은 말, 즉 "정말 좋아. 나도 나 자신을 위해 무언가 한 번 해보고 사치도 부려봐야 해"라는 말과 똑같다. 미용실에 다녀온 여성들의 기분이 좋아진다는 것은 아마 남성들도 눈치 챌 수 있을 것이다. 이와 달리 머리 변화는 거의 보이지 않는다.

아주 간단한 일이다. 미용사의 경우 많은 젊은 남성들이 여성의 신체에 전념해서 그녀들에게 즐거운 느낌을 갖게 해준다. 이때 그들의 행동은 난처하지 않으면서도 매우 민감한 부분으로 제한된다. 그들은 조심스럽게 여성들 머리를 감겨주고 두피를 부드럽게 마사지하며 여성들 옆에 서서 돌아가며 신중하게 가위로 머리카락을 자른다. 이런 모든 일에 대한 대가로 에로틱한 반대급부가 요구되는 것은 아니다. 이발사가 동성애자라면 여성들은 더 안전할 수 있다. 설령 남자 미용사가 서툰 솜씨로 세심하고 정성스럽게 여성들의 얼굴과 목덜미, 머리를 만지더라도 성적인 관심은 전혀 없다.

대가로 무언가를 따로 줄 필요도 없고, 성적인 느낌이 전혀 없이 순수한 기쁨을 주는 신체적인 가까움. 미용사에게서는 이것이 가능하다.

그러니까 많은 경우 미용실을 찾는 주된 이유는 헤어스타일이 아니라 두피를 통해 직접 마음에 전달되는 정신적인 마사지가 가능하기 때문이다. 설령 미용실을 다녀온 지 며칠 지나지 않았더라도, 미용사가 쓰다듬어 주는 손길은 또 얼마나 그리운가.

　그럼에도 뭣모르는 사람들은 헤어스타일을 망친 친구나 연인을 보며 이렇게 소리치곤 한다. "도대체 네 머리를 만진 미용사는 뭐 하는 작자냐?"

느낌을 존중하지 않는 세상

언제부터 그렇게 되었을까?

우리는 스스로의 감정을 깨닫고 인정하는 법을 점점 더 빠른 속도로 잃어가고 있다. 가까이 다가와 나를 사로잡는 세상의 수많은 아름다움을 놓친 채 하루하루를 살아가고 있다. 살갗을 스치는 공기의 촉감, 하늘을 유유히 흐르는 구름, 허공을 가르는 새의 날갯짓, 해질녘 어스름에 들리는 아이의 울음소리…. 주변 풍경을 보며 자칫 감상에라도 빠질라 치면 사람들은 당혹스러운 표정으로 고개를 가로젓는다. 나약함은 금물이라며, 마치 무딘 감정으로 사는 것이 강인함의 표상이라도 된다는 듯 우리 몸의 감각이 찾아낸 느낌을 철저히 무시해버린다.

바쁜 현대인의 세계에서는 슬픔과 체념, 낙담이나 두려움 같은 감정은 발붙일 틈이 없다. 오히려 이런 감정은 부끄러움이자 죄가 된다. 사는 게 아무리 힘겨워도 울지 않으려, 슬프거나 실망하거나 씁쓸한 기분을 그 누구에게도 들키지 않으려 사람들은 안간힘을 쓴다.

내면의 자연스런 감정 흐름을 인정하지 않는다.

그렇게 하루하루 버티다 몸도 마음도 완전히 지쳐 주저앉은 어느 날, 사람들은 문득 깨닫는다. 자신이 행복한 삶의 궤도에서 너무 많이 이탈해 버렸음을. 그들이 친구나 의사, 치료사를 찾아가 주절주절 이야기를 늘어놓을 때, 처진 어깨를 가만히 두드리고 안아주면 한순간 내면에서 물컹한 무언가가 터지며 눈물을 쏟기 시작한다.

펑펑 울면서도 그들은 이런 감정이 갑자기 어디서 나온 것인지 몰라 놀라움에 빠진다.

이 느낌을 표현할 단어가 없어

인간이 여러 시간 동안 수다를 떠는 것보다
개가 잠깐 꼬리를 흔들어 더 많은 감정을 표현할 수 있다.

_ 루이 암스트롱

우리는 주변과 피부, 그리고 살갗 아래에서 일어나는 것을 끊임없이 감지하고 느낀다. 하지만 많은 사람들은 놀라울 정도로 무감각하다. 무언가를 계속 느끼지만 이 느낌을 의식하지 않는다. 매우 불쾌하거나 방해를 받았을 때 혹은 어떤 것이 특별히 아름답다는 느낌이 들 때에야 비로소 그런 느낌을 인지하게 된다.

호의적인 접촉은 유쾌함을 불러일으키지만 안타깝게도 많은 이들은 호의적인 접촉에 대한 육감, 이 육감과 연결되는 감정을 잃어버렸다. 그리고 접촉이 필요한 주변의 사람들, 특히 나이 들었거나 병들었거나 수줍음이 많은 사람들을 만져주는 일은 거의 없다.

아이들은 다르다. 아이들이 봉제 동물인형을 좋아하는 것은 충실한 동반자이기 때문만이 아니다. 인형에서 느끼는 촉감이 매우 좋고, 이 촉감을 지속적으로 경험하고 싶기 때문이다. 두 살짜리 아이는 "몸을 밀착하고 싶다"는 요구를 아무런 거리낌 없이 드러낸다. 때로 말이 전혀 필요 없기도 하다. 어린아이들은 "지금 이 아이에게 접촉이 절실했구나"라는 것을 상대가 금세 느낄 수 있을 정도로 사람들을 강하게 껴안는다.

　　인간은 행복감과 만족감을 주는 느낌을 체험하지 못할 때 자기에게 무엇이 부족한지 서서히 잊게 된다. 오직 소수의 동시대 사람들만이 기분이 어떻고, 사물의 촉감이 어떤지 표현할 수 있는 어휘를 만들어냈다. 경기 직후 체력이 완전히 고갈된 축구선수에게 리포터가 뻔한 질문을 하면 선수들은 대부분 말을 더듬으면서 다음과 같이 대답한다. "대단했습니다." "말로 표현할 수 없습니다." 또는 "할 말을 잃었습니다." 비단 운동선수들만이 아니다. 축구선수보다 언어적으로 뛰어난 능력을 지닌 사람들도 자기 피부에서 일어나는 일을 표현할 적절한 단어를 떠올리지 못해 절절 맨다. 시간이 지난 후에야 그들은 무엇이 자신을 감동시키고 마음을 움직였는지 정확히 말하지 못했다는 사실을 깨닫게 된다.

접촉을 두려워하는 현대인

나를 잡지 마라!

_ 익명

　가까운 친척이나 친구 또는 연인이 아닌 성인들 간의 접촉은 현대 사회에서 대부분 금기로 여겨진다. 유럽에서는 남북 지역 간 친밀함에 대한 관점과 행동에 차이가 있는 듯하다. 지중해 인근 사람들은 신체적으로 훨씬 더 자주 접촉하며 친밀함을 드러낸다. 이곳에서는 남성들도 서로 포옹을 한다. 중북부 사람들은 다르다. 이곳에서는 서로 포옹을 하지도 만지지도 않는다. 물론 그들도 친근하게 접촉을 할 때 기분이 좋아진다는 사실은 알고 있다.

　대부분의 경우 누군가와의 접촉은 경계를 침범하는 익숙하지 않은 일이다. 특히 독일이라는 나라에서 일어나는 낯선 사람 간 접촉이 얼마나 당혹스러운 영향을 미치는지는 TV나 일반 무대에서 이뤄지는 대담을 통해 쉽게 관찰된다. 토론이나 토크쇼에서 다른 사람의 말을 중간에 끊고, 즉각 자기 발언을 할 수 있는 입증된 기술이 있다. 낯선 대화 상대가 말을 할 때 갑자기 그의 팔이나 어깨를 잡으면 된다.

독일 문화권에서는 이런 행동이 친밀한 행동으로 간주되지 않는다. 따라서 이런 접촉에 상대방은 잠시 말문이 막혀버릴 정도로 당혹스러워한다. 그러면 자기 차례가 되는 것이다. 재미있는 사실은 이런 토크쇼에서 다른 토론자의 팔을 갑자기 잡는 정치가나 노련한 수다쟁이의 제스처가 시청자들에게는 언뜻 호의적으로 비춰지고, 심지어 인기에 영향을 미치기도 한다는 점이다. 하지만 잡히는 사람에게는 기습당한 느낌과 황당함만 들 뿐이다.

접촉은 같은 시대를 사는 많은 사람들에게 위생적인 측면에서 의심을 사기도 한다. 타인의 몸이 혐오감을 주는 세균의 온상 혹은 위협적인 병원균 저장소라고 생각하는 사람이 적지 않기 때문이다. 히스테리성 결벽증을 지닌 사람들은 차갑고 습한 가을과 겨울철에는 상대방과 악수하는 일조차 꺼린다. 이런 맥락에서 악수는 타인에 관해 많은 것을 말해준다. 예컨대 처음 만났을 때 상대방이 손을 얼마나 꽉 쥐는지 혹은 내켜하지 않는지를 통해 그의 심리를 읽을 수 있다.

잃어버린 감정 통로를 찾아서

육체를 치유하려는 자, 먼저 정신을 치유해야 한다.

_ 플라톤

중견기업 사장이자 사회운동가인 50대 후반 남성이 있었다. 그는 사람들이 자신의 지시에 복종하고, 자기가 시도하는 모든 것이 잘 성사되는 상황에 매우 익숙했다. 몇 달 전 의사들은 그에게서 암이 진행된 것을 확인했다. 마른하늘에 날벼락이 따로 없었다. 전혀 준비되지 않은 상태에서 암 진단을 받은 것이다. 익숙하지 않은 상황. 모든 것을 계획하고 치밀하게 계산하던 그의 세계가 무너졌다. 이 때문에 그는 몇 주 동안 종양학적인 암치료뿐만 아니라 심신의학 병원에서도 치료를 받았다. 그는 1차 항암치료를 마친 뒤 여의사와 상담하면서 이렇게 말했다. "육체적인 상태는 다시 좋아졌지만, 아직 정신을 통제할 수가 없습니다.”

정신, 심리, 감정. 이것은 많은 사람들에게 ‘블랙박스’와 같다. 사람들은 합리적인 세계 저쪽에 무언가가 있다는 것을 알며, 간혹 그 무언가를 느끼기도 한다. 하지만 자신들의 감정을 표현하지는 못한다. 한 환자가 번아웃 치료를 하는 동안 의사에게 기분이 어떠냐는 질문을 받고 “도대체 내가 어떤 기분이 들어야 합니까?”라고 호통쳤다고 하는데 이것이야말로 전형적인 답변이라 할 수 있다.

많은 사람들은 스트레스를 받으며 공허함과 곤궁함을 느낀다. 그러나 이 상황에서 자신에게 없는 것이 무엇이고 이로운 것은 무엇인지 알지 못한 채 살아간다. 그저 그들은 그 어떤 것도, 그 누구도 자신을 건드리지 못하게 할 뿐이다. 그렇게 자기 경험의 심연으로 가는 통로를 잃어버린다. 자신의 감정적 비약과 다른 형태의 과잉으로 가는 통로도 잃어버린다.

신체를 치료하면서 환자를 만지다 보면 환자가 갑자기 울기 시작하는 일이 자주 일어난다. 접촉 후에 일어나는 이런 감정 폭발은 많은 것을 의미한다. 때로 사람들은 고통이나 경련이 슬픔과 두려움, 분노의 표현이며 자신이 지금까지 이들 감정을 외면하면서 제대로 표출할 통로를 차단시켜왔다는 사실을 불현듯 깨닫는다. 이럴 때 접촉이야말로 매몰되었던 감성의 통로를 다시 뚫어주는 확실한 매개체가 된다.

터치 터치! 인생을 바꾸다

많은 사람이 영원히 이 절벽에 매달린 채 고통스러워하면서
평생 동안 돌이킬 수 없는 과거와 모든 꿈 중에서
가장 나쁘고 가장 잔인한, 잃어버린 낙원에 관한 꿈에 집착한다.

_ 헤르만 헤세

53세의 여성은 침상에 모로 누워 긴장을 풀려고 했다. 하지만 그녀는 그렇게 할 수 없었다. 무언가가 끊임없이 그녀의 머릿속을 스쳐 지나갔고, 등도 아팠기 때문이다. 이 때문에 그녀는 휴식을 취할 수가 없었다. 중간에 깨지 않고 계속 숙면을 취했던 마지막 밤이 언제였는지 이제는 기억조차 할 수 없다. 고통이 없는 날은 오래 전에 지나갔다. 그녀는 이미 수 년 전부터 척추의 통증을 호소해왔다. 허리뿐만 아니라 어깨와 목덜미도 굳어 있었다.

여성 물리치료사가 이 환자를 돌보았다. 치료사의 손길은 힘 있지만 전혀 우악스럽지 않았다. 감정이입 능력이 있지만 감상적이지는 않았다. 심신의학 전문병원에서 일하는 그녀는 모든 종류의 고통과 경련에 대해 잘 알았다. 치료과정에서 이미 많은 사람들이 우는 것을 봐왔고, 때로 그녀가 의도적으로 사람들을 울리기도 했다.

이 여성 치료사가 53세 여성 환자를 치료하기 시작했을 때, 그녀는 환자 어깨에 손을 올려놓고는 우선 환자를 진정시켰다. 이곳에서 자신의 의지와 상반되는 일은 아무것도 일어나지 않을 것이라고 환자에게 분명히 알려줬다. 이곳은 보호받는 공간이다. 그 다음 그녀는 모로 누운 환자의 뒤에서 팔 밑으로 손을 내밀어, 손바닥으로 어깨 앞쪽을 잡는다. 마치 환자의 어깨를 넓어 보이게 하려는 것처럼 서서히 상체를 쭉 펴준다. 그녀가 환자의 가슴을 열어줄 때 환자는 자신의 가슴이 얼마나 넓어지는지를 새삼 느끼게 된다. 그녀가 깊고 조용하게 호흡을 몇 번 하자 이 여성 환자가 울기 시작했다. 고봉스러워서가 아니라 안도와 감격 때문에. 더불어 자신이 몇 년 만에 처음으로 자유롭게 숨 쉬고 있다는 것을, 깊고 자유롭게 숨 쉬는 일이 어떤 것인지를 새삼 느꼈기 때문이다.

이 환자는 오래 전부터 상체와 어깨 부분이 경직되면서 경련이 일어났다. 이미 몇 년 전부터 그녀는 마음껏 깊이 호흡할 수가 없었다. 어깨는 앞으로 구부러져 있었다. 당연히 상체는 휘어지고 구부정해 보였다. 머리는 숙인 채, 모든 것이 답답하고 경직돼 있는 듯 보였다.

고대 이집트 동굴벽화에 그려진 마사지 장면

접촉 테라피의 역사는 고대로까지 올라간다.
지친 심신이 무장해제되는 마법의 순간,
가장 간단하고 즉각적인 치유의 원리를 고대인은 잘 알았다.

그녀는 깊게 숨 쉬지 못했고, 어깨 근육조직은 지나치게 긴장해 있었다. 갑갑하고 두려운 느낌이 들었다. 이로 인해 그녀의 목덜미 근육은 서서히, 조금씩 짧아졌다. 공포증 환자의 경우 머리와 몸통을 연결하는 근육이 시간이 지나면서 점점 짧아지는 현상이 자주 발생한다. 두려움을 비유적인 의미로 사용할 때 '머리를 움츠린다'고 하지만 이런 사람들은 말 그대로 머리를 움츠린다! 잔뜩 고개를 숙인 그들의 목덜미에 두려움이 앉아 있었다.

이 여성 환자는 물리치료와 접촉 치유 이후 자기 몸이 얼마나 멋진 경험을 할 수 있는지 오랜만에 다시 느꼈다. 이런 경험을 할 수 있을 것이란 희망을 오래 전에 버린 터였다. 그런데 이렇듯 자유로운 순간을 체험하기 위해서는 오직 외부로부터의 짧은 접촉만이 필요했을 뿐이다. 나머지 모든 것은 예전의 신체 상태에 대한 기억을 봉해 서절로 이루어졌다.

많은 환자들은 치료를 위한 접촉이 얼마나 유익한지, 이런 접촉으로 인해 신체 안에서 어떤 일이 일어나는지를 느끼고 예감한다. 환자들은 마사지나 물리치료 처방을 받으면 매우 기뻐한다. "그러면 누군가가 나를 만져주게 되니까"라고 한 나이 든 여성이 말했다. 이는 진심에서 우러나온 말이다.

53세 여성은 이제 심신의학 전문병원에서 자신에게 좋은 일을 연습하고 있다. 이는 그녀가 수십 년 동안 생각조차 못했던 일이다. 처음에 그녀는 어떻게 해야 할지 전혀 몰랐다. 다만, 아주 조금씩 성공했다. 여러 번 치료를 받으면서 그녀는 조금씩 터득했고 모든 것이 조금씩 좋아졌다. 등의 통증과 지긋지긋하던 두통도 완화되기 시작해 몇 주 후에는 말끔히 사라졌다.

이 여성 환자는 평생 동안 압박감 속에서 살아왔고, 그런 상황을 견딜 수 없을 거라고 생각했다. 하지만 이제 그녀는 자유롭고 편한 마음으로 몸을 움직인다. "내가 이처럼 자유로운 기분을 다시 경험하게 될 것이라고는 생각도 못했어요." 그녀는 말했다. 여전히 현실이 믿기지 않는다는 듯이 말하는 그녀의 눈에 눈물이 맺혀 있었다.

육체가 자신의 좋은 면을 재발견하고, 경직이 풀리며, 불행이 만족이 되고, 분노가 새로운 확신에 자리를 내줄 때, 그런 상황에서 믿기 힘든 일이 일어날 수 있다. 좋은 감정이 사람을 건강하게 만들고 급성 통증을 완화시키는 메커니즘은 놀라울 정도로 단순하고 빠르게 효험을 드러낸다. 이는 접촉에서도 마찬가지다.

힘든 상황에 처해 모든 것이 지나치다는 느낌을 갖고 있는 사람에게는 몇 차례의 간단한 체조가 큰 도움이 된다. 가능한 긴장을 풀고 평온하게 안락의자에 앉아 깊이 숨 쉬는 데에만 집중해보라. 그러면 방금 전까지 얼마나 힘들게 호흡하면서 몸을 움츠린 채 경직된 상태로 앉아 있었는지 금방 느낄 것이다.

육체적인 이완은 정신적·감정적 긴장을 해소시키는 데 기여한다. 요즘에는 긍정적인 신체 경험을 통해 정신적 지각이 균형을 이루도록 도와주는 주의력 연습과 긴장완화 기술에 관한 입문서가 나와 있다. 위에 언급한 예시는 매우 단순하지만 사소한 신체적 변화가 종종 마음을 안정시킨다. 그것으로 모든 문제가 해결되는 것은 아니더라도 증상 완화에는 적잖은 도움을 준다.

온기의 여러 효능

'여성용 차※'라는 다소 모멸적인 명칭이 있다. 이는 대부분 달콤하고 꽃향기가 나는 상품을 의미한다. 이 상품은 대개 공정거래 상점에서 품이 넓은 옷을 입은 사람에 의해 제공된다. 예전에 그들은 날염 제품을 판매했던 것 같다. 여러분도 알 듯이 맛에 관해서는 논쟁의 여지가 있지만, 마르셀 프루스트가 소설 속 주인공에게 마들렌 한 조각을 찻잔에 집어넣게 했을 때 어떤 일이 일어났는지, 따뜻한 음료가 기분과 사회적 행동에 얼마나 막강한 영향을 미치는지에 대해서는 모두가 동의할 것이다.

그래서 이제는 '남성용 차'도 추천할 시점이 된 것 같다. 영국을 제외하면 이 음료는 대다수 남성들에게 그닥 인정받지 못했다. 남성용 차를 위해 훈제 맛이 나는 위스키 향료(많은 종류를 판매하는 전문상점에는 이미 '남성을 위한' 감초가 든 요기차 같은 것이 있다)와 전립선 문제를 예방하기 위해 가늘게 자른 쏘팔메토 추출물이 필요한 것은 아니다. 오히려 손과 정신을 따뜻하게 해주는 적당한 온도가 중요하다.

쿠키 맛과 뒤섞인 차 한 모금이 내 입천장을 건드리는 그 순간
나는 움찔했다. 내 안에서 일어난 뭔가 특별한 것에 매혹된 것 같았다.
완전히 홀로 존재한다는, 이유를 알 수 없는 행복감이 내 몸에 흘러넘쳤다.

_ 마르셀 푸르스트

따뜻한 찻잔이 여성들을 위해 서비스를 하듯이 뜨거운 음료도 남성을 위해 동일한 서비스를 제공할 것이다.

아늑한 술자리에서 차가운 맥주나 알맞은 온도로 데운 포도주를 마시는 것을 굳이 반대하지는 않는다. 그러나 이제부터 소개할 최근 학자들의 놀라운 연구결과를 보면 남성들은 항상 무언가 따뜻한 것을 손에 들고 있어야 한다는 사실을 수긍할 수밖에 없다.

화해가 필요할 때 따뜻한 차 한 잔

위대한 것은 상쾌하고 따뜻하며 활기차다.
시시한 사람은 하찮은 일에 몸을 떨며 추위를 느낀다.

_ 요한 볼프강 폰 괴테

"그는 나를 차갑게 대한다." "그 여자는 온기를 내뿜는다." "그는 얼음과 같은 분위기를 조성한다." "나는 너에 대해 아주 따뜻한 감정을 느껴." 등등의 표현은 누구나 알고 있다. 이들 말은 다른 사람과의 관계 또는 그 관계의 영향을 나타낸다. 감정을 설명하는 이들 용어는 얼핏 보면 관계의 분위기 변화나 동료의 인상에 관한 대화보다 날씨 예보에 더 적합할 수도 있다.

그런데 토론토 대학교의 첸보종Chen bo Zhong을 비롯한 학자들은 독특한 연구를 했다. 사회적으로 소외되면 실제 측정된 온도에 변화가 없더라도 차갑게 느껴진다는 사실을 밝혀낸 것이다.[25] 첫 번째 실험

얀 요세프 호레만스, '티타임'(1714)

온가족이 둘러앉아 따뜻한 차 한 잔을 나누는 시간.
빨갛게 타오르는 화로의 열기보다 좋은 건 서로에 대한 배려와 사랑,
그리고 온몸으로 체감하는 온기다.

에서는 자발적인 실험참가자들에게 그들이 국외자였거나 갑자기 어떤 그룹에서 제명되었던 상황을 상기시켰다. 실험을 진행하면서 그들에게 실온을 추측하게 했다. 물론 그들에게는 사회적 배려와 체감하는 온기 사이의 상관관계를 조사하는 실험이라는 사실을 알리지 않았다. 개인적인 소외 경험을 상기하면서 불쾌한 상황에 빠졌던 참가자들은 비교 그룹보다 훨씬 더 낮게 온도를 추측했다.

두 번째 실험에서 참가자들은 온라인 게임에 참여했다. 이때 그들 중 절반은 항상 탈퇴당해 더 이상 게임에 참여할 수 없었다. 이들은 어떤 규칙에 따라 자신이 소외되는지를 알지 못했고, 그래서 더욱 고립되고 부당한 대우를 받는다고 느꼈다. 이런 방식으로 다른 사람들로부터 소외되거나 격리된 사람은 비교 그룹 사람들보다 따뜻한 음료수나 음식을 먹고 싶다는 욕구를 더 강하게 드러냈다.

따뜻한 수프나 차 한 잔은 육체적으로도 좋을 뿐만 아니라 영혼까지 따뜻하게 해준다. 이런 맥락에서 좋은 친구와 자상한 파트너는 서로 사이가 좋지 않을 때 따뜻한 음식을 권하는 게 좋다. 관계나 물리적 거리의 인지, 소속감 또는 소외는 육체적인 측면뿐만 아니라 감정적인 측면에도 영향을 준다. 사회적 고립을 경험하는 것은 넓은 의미에서 차가움을 경험하는 것이다. 정신적으로도, 육체적으로도.

사무실 의자가 딱딱하면

우리가 진심 그대로 행동하지 않기 때문에
사람들 사이에 차가움이 존재한다.

_ 알베르트 슈바이처

　직장생활에서도 접촉은 광범위하게 영향을 미친다. 직장인들은 딱딱하고 불편한 의자보다 부드러운 안락의자나 기분 좋은 깔개 위에 앉아 있을 때 동료들을 더 후하게 평가한다. 우리가 엄격하든 대범하든 촉각 경험 역시 큰 역할을 한다. 차갑거나 거친 것, 모난 것을 잡고 있는 사람은 따뜻한 음료나 부드러운 물건을 만졌을 때보다 상황을 냉혹하게 판단한다.

　배제와 사회적 고립은 고통스럽고 위험하게 느껴진다.[26] 동시에 주변 환경은 더 차갑게 인지된다. 자신이 배제돼 있다는 느낌이 들 때 우리에게는 따뜻한 음료에 대한 욕구가 강해진다. 냉랭하게 인지되는 분위기에서 당사자 자신은 무엇을 느끼고, 자신에 대해 어떤 온도 감각을 가질까? 네덜란드 틸베르크와 위트레흐트 출신 사회심리학자들은 이런 현상에 대해 자세히 연구했다.[27]

학자들은 배제된 사람들이 주변 환경을 더 차갑게 느낄 뿐만 아니라 고립되거나 소외되었을 당시 그들의 신체 온도가 가장 낮다는 가정을 출발점으로 삼았다.

자발적인 참가자들이 온라인 게임을 하는 동안 그들의 손가락 온도를 측정했다. 게임을 위해 공놀이가 사용됐다. 같이 놀이를 하는 모두에게 공이 패스되고, 그 다음 우연의 원칙에 따라 공이 다른 참가자에게 전달된다. 하지만 실험 주최자가 게임을 조작해 몇몇 참가자들은 더 이상 공을 받지 못하게 됐다. 공을 기다리는 그들은 왜 자신에게 공이 오지 않는지 이해하지 못한다. 조작을 통해 그들은 이미 게임에서 배제된 상태였다. 시간이 흐르면서, 이런 식으로 고립된 실험대상자들은 계속 게임을 진행한 참가자들보다 손가락이 더 차가워졌다.

얼마 후 실험에서 배제된 참가자들 중 일부에게 따뜻한 차 한 잔을 제공했다. 그러자 게임에서 배제되고 뜨거운 차 한 잔도 제공받지 못한 실험대상자들보다 그들은 신경질적이고 부정적인 감정에서 훨씬 빨리 회복했다.

육체적 온기, 사회적 온기

온기는 예전에 생각했던 온기와 같지 않다.
단지 영혼 없는 분자의 브라운 운동이 아니라,
모두가 자신의 독특한 인격에서 나오는 온기를 발산한다.

_ 해리 물리쉬

두 사람 사이에 밀접한 관계가 형성되면 유쾌하고 만족스런 감정
으로 서로를 따뜻하게 생각한다. 그들은 서로를 연결해주는 공통점
과 상호 간의 교류를 기억한다. 이런 이유 때문에 학자들은 신경생물
학적 차원에서의 체온 조절이 소속감과 애정에 관한 '따뜻한' 경험과
아주 비슷한 진행 양태를 보인다고 추측한다. 심지어 두 메커니즘에
서 동일한 신경회로가 관여하고 있을지도 모른다.

이런 추측을 확인하기 위해 캘리포니아의 연구자들이 나섰다. 연
구자들은 자발적인 참가자들에게 친구나 가족 구성원들이 쓴 따뜻
한 마음이 담긴 편지 혹은 무미건조하게 작성된 편지를 읽게 한 뒤

읽는 동안 브레인 스캐너로 이들을 분석했다. 또 다른 실험에서는 물리적 온기를 조사했다. 실험대상자들은 따뜻한 주머니나 온기가 없는 공 중 원하는 것을 만질 수 있었다.

실험결과, 사회적 온기와 육체적 온기는 상호연관돼 있었다.[28] 참가자들은 다정한 편지를 읽은 후 주관적으로 더 따뜻하다고 느꼈다. 또 따뜻한 물건을 손에 들고 있을 때 친구나 가족 구성원들을 더 가깝다고 느꼈다.

뇌신경 활동에 대한 연구는 실험대상자들이 받은 느낌을 입증했다. 참가자들이 온기 자극을 받았을 때와 따뜻한 감정을 보였을 때, 스캐너에는 동일한 뇌 부위에서 비슷한 자극 패턴이 나타나는 것으로 확인됐다. 특히 긍정적인 감정을 만들어내는 데 중요한 역할을 하는 것으로 알려진 대뇌 기저부의 배쪽줄무늬체ventral striatum 영역이 활동적이었다.

또 다른 테스트에서 실험대상자들이 기분 좋다고 느낄 정도로 그들의 손을 부드럽게 접촉하자 뇌의 신경회로가 같은 패턴으로 작동했다. 그러니까 육체적 온기와 사회적 온기를 지각하는 신경 연결은 매우 유사한 것으로 보인다.

관계의 체온 곡선

어떤 사람은 큰 빛과 같다.
단지 비추기만 할 뿐 따뜻하게 할 수는 없는.

_ 익명

사회적 가까움과 거리에 관한 다양한 측면은 냉기와 온기라는 주제를 둘러싼 은유와 말장난을 통해 비교적 적절히 표현되었다. 그런데 이런 감정이 인간의 생리적인 지각(그리고 인간의 체온)에서도 나타나기 때문에 연구자들은 '관계 체온계'라는 개념을 제안했다.[29] 이 주제를 연구해온 많은 학자들은 이러한 개념을 매우 적절한 아이디어라고 생각할 게 틀림없다.

여러 실험을 통해 네덜란드 학자들은 따뜻하고, 유쾌한 주변 환경이 얼마나 긍정적인 영향을 미치는지를 밝혀냈다. 첫 번째 실험에서 참가자들은 따뜻한 음료나 차가운 음료를 손에 들었다. 두 번째 실험에서 이들은 따뜻하고 아늑한 환경이나 차갑고 배타적인 환경에 있어야 했다.

결과는 놀라웠다. 실험대상자들은 주변이 따뜻할 때 서로 더 가깝고 밀접하게 연결돼 있다는 느낌을 받았다. 또 그들이 따뜻한 음료를 손에 들거나 따뜻한 곳에 머물러 있을 경우 자신의 욕구에 대해 구체적으로 말하는 경향을 보였다. 나아가 자신의 기분과 상대방에 대해 받은 느낌을 정확하게 표현했다. 전체적으로 그들은 대조군보다 더 많이 동료를 느끼며 배려하고 있었다.

언어와 감각적 지각, 사회적 친밀함의 인지 사이에는 놀라운 상호작용이 존재한다. 이것이 일상에 던지는 메시지는 분명하다. 우리 일터 및 주거지의 시설과 분위기, 온도는 사회적 관계에 절대적인 영향을 미친다. 그러니까 활기 없는 집과 사무실은 그 광경 자체만으로 사람들을 춥게 만든다. 그 안에서 일하거나 살고 싶은 마음이 들지 않는 것은 말할 나위도 없다.

촉각이 행동을 결정한다

가까이 있는 것만으로 그들에게 위안이 되었다.
그것도 완벽한 위안이. 가까이 있는 것만으로 충분했다.
눈길도, 한 마디 말도, 몸짓도, 접촉도 필요 없었다.

_ 요한 볼프강 폰 괴테

규칙은 단순하다. 인사과장과 지원자들이 이 규칙을 고려했다면 직장생활은 훨씬 더 쉬웠을 것이다. 딱딱한 의자는 사람을 냉정하게 만들고, 부드러운 의자는 온화하게 한다. 따라서 유쾌하지 못한 파트너와 어려운 상담을 앞둔 사람은 상대방이 편안하게 앉아 있도록 주의해야 한다. 이것이 만남의 결과에 긍정적인 영향을 미칠 수 있다. 기분 좋은 쿠션과 천, 촉감 좋은 표면은 다른 사람의 기분을 더 호의적으로 만들어준다. 하버드 대학교와 예일 대학교의 심리학자들이 연구를 통해 이런 놀라운 결론에 도달했다.[30]

접촉의 느낌은 분위기와 사회적 행동, 일상적인 결정에 영향을 준다. 접촉이 유쾌할수록 분위기와 성격은 더욱 부드러워진다. 이런 연관관계를 정확하게 규명하기 위해 학자들은 캠퍼스 근처에서 무작위로 보행자들을 선택해 이들에게 특별한 시험에 참가할 의향이 있는지 물어보았다. 실험참가자들에게는 때로 무거운 책받침을, 혹은 가벼운 책받침을 주었다. 또 실험대상자들은 거칠거나 매끄러운 조각을 이용해 퍼즐을 풀어야 했다. 그들은 때로 딱딱한 물건이나 부드러운 물건을 만졌고, 단단한 의자나 쿠션 좋은 방석이 놓인 안락의자에 앉았다. 그런 다음 실험대상자의 적성을 판정하고, 논쟁의 예리함을 평가했다. 중고차 가격을 협상하고, 다른 견적을 제출하게도 했다.

참가자들은 무거운 책받침을 갖고 있을 때 타인들을 엄격하게 판단했다. 거친 퍼즐 조각을 만졌을 때 논쟁에 적대적으로 나섰고, 단단한 의자에 앉아 있던 사람은 협의를 할 때 타협의 여지가 적었다. 예일 대학교 심리학자 존 바르John Bargh는 "우리 행동은 바지의 안감에 의해 좌우되기도 한다"고 말한다. "심리 상태와 이성은 육체와 매우 밀접하게 연관돼 있다."

거칠고 딱딱하며 차거나, 부드럽고 매끄러우며 따뜻한 표면의 촉각 경험은 유아기 뇌가 받아들이는 최초의 육체적 체험에 속한다. 촉각은 최초로 발전하는 감각이다. 대부분 육체적인 가까움과 애정, 위로는 기분 좋고 따뜻한 접촉과 관련이 있다. 그래서 미소는 마음을 따뜻하게 한다. 감각적 인상은 성장하는 동안 성격상의 특징과 사회적 특성을 분류하는 기본 틀로 이용된다. 사람들은 경험하는 접촉을 통해 세상을 이해하고, 세상에 대한 이해력을 형성한다. 심리학자 크리스토퍼 노세라Christopher Nocera는 "촉각은 행동 연구에서 가장 과소평가되고 있는 것 같다"고 말한다. "악수를 하든 뺨에 키스를 하든, 인사하는 방법 하나조차 사회적 행동에 영향을 미친다."

이 때문에 '마음이 따뜻하다'거나 '거친 세상' 또는 '무거운 결정'과 같은 개념은 표현 이상의 의미가 있다. 바르는 "육체적 경험은 사고와 지각의 토대를 형성할 뿐만 아니라 다른 사람들에 대한 행동방식에도 영향을 미친다"고 말한다. "인간의 행동은 때로 딱딱한 의자에 앉아 있는지 아니면 부드러운 의자에 앉아 있는지에 따라 달라진다."

이 말에 주의를 기울인다면, 우리는 가능한 한 집을 포근히게 꾸미는 게 좋다. 각진 차가운 물건을 손에 든 채 딱딱하고 불편한 의자에 앉아 심각한 토론을 하지 말라는 뜻이기도 하다.

그녀는 욕조를 참 좋아해

욕조는 쉬지 않고 자랑을 해댔다. 욕조는 자신을 지중해라 여기고,
한쪽 측면을 헬골란트(독일 북부의 섬)의 해안가로 생각한다.

_ 요아힘 링겔나츠

남성들은 목욕을 제대로 할 줄을 모른다. 그들은 대부분 목욕을 귀
찮아하며, 목욕하는 데 시간을 많이 할애하지도 않는다. 촛불을 켜
고, 조용한 음악이 흐르며, 향기로운 향료를 갖춘 거품 파티는 남성
들에게 아무런 의미가 없다. 이와 달리 여성들은 목욕을 할 때 사치
를 부리고 싶어한다. 시간이 많고 용량이 충분한 순간온수기가 갖추
어져 있을 때, 많은 여성에게는 최고의 기쁨이 된다. 물론 사랑하는
여성이 따뜻한 욕조에 오래 머물려 할 경우, 남성 파트너는 의심을
할 수도 있다. 여성에게 홀대받는다고 느끼고, 관계가 식었다고 간주
할 수도 있다.[31]

사람들은 스스로를 따뜻하고 포근하게 만들면서 가까움이나 온정, 든든함에 대한 욕구를 조절한다. 고독하다고 느끼는 사람들일수록 뜨거운 물로 자주 샤워를 하거나 목욕을 하는 것으로 나타났다. 또한 추위에 많이 노출돼 있고, 난방이 잘 되지 않는 공간에서 견뎌야 했던 사람은 종종 고독함을 느끼고, 사회적으로 냉대받는다는 느낌을 갖는다. 실험참가자들이 거절당하고 실망했던 상황을 떠올렸을 때 따뜻하고 유쾌한 환경을 만들어주면 불쾌한 감정이 완화되었다.

파트너나 친구가 갑자기 오랜 시간 동안 목욕을 하려 할 때, 대부분의 사람들은 이런 행동이 보금자리가 주는 따뜻함이나 든든함이 결여됐다는 사실을 나타내는 암시라는 점을 이해하지 못한다. 마찬가지로 상대방이 편안한 의자에 파고들고, 새로운 쿠션을 사들일 때 이것이 사랑을 호수하는 행동이라는 사실을 이해하지 못한다.

어쨌든 이런 형태의 자기 조절이 일상에서는 효과가 있다. 육체적으로 온기가 없을 때는 외적으로 조성된 유쾌한 분위기로 얼마간 이를 대체할 수 있다. 그러나 파트너십이 필요한 관계에서라면 상대방에게 얼른 관심을 가지는 것이 중요하다. 상대가 안락의자와 쿠션에서 위안을 찾기 전에.

남성이 차를 더 많이 마셔야 하는 이유

당신이 추우면 차가 당신을 따뜻하게 해줄 것이고,
당신이 침울해하면 차가 당신을 기분 좋게 해줄 것이며,
당신이 흥분하면 차가 당신을 진정시켜 줄 것이다.

_ 윌리엄 E. 글래드스턴

의사뿐만 아니라 비전문가도 진지하게 생각해야 할 문제가 있다. 혈액이 응고되는 속도조차 단순한 게 아니다. 걱정을 하거나 겁을 먹은 사람들의 피는 실제로 더 걸쭉해진다.

'마음이 따뜻한'이란 개념도 비슷한 것 같다. 콜로라도 대학교 연구자들은 사람들이 따뜻한 음료를 손에 들고 있을 때 맞은편에 있는 상대를 더 친절하고 솔직하다고 인지한다는 사실을 밝혀냈다. 따라서 좋은 인상을 주고 싶거나 마음을 얻으려는 사람은 상대방에게 아이스 음료 대신 따뜻한 커피나 차를 대접해야 한다.

긍정적인 느낌은 학자들이 섬이라고 부르는, '감정적 뇌'의 일부로

간주되는 뇌 부위에서 처리되는 것 같다. 그곳과 인접한 특정 부위에는 온도에 대한 물리적 느낌뿐만 아니라 누군가를 친절하고 마음이 따뜻하다고 느끼고, 그를 신뢰할 수 있다는 감정까지 기록된다.[32] 흥미롭게도 실험참가자들이 차가운 음료를 손에 들자 그들은 상대방을 더 이상 그리 긍정적이지 않은 사람으로 분류했다. 로렌스 윌리엄스는 "'따뜻한'이라는 단어의 이중적 의미가 우연은 아닌 것 같다"고 말한다. 그는 이 주제에 대한 여러 가지 연구를 주도했다. "우리가 누군가를 따뜻하다고 설명할 때 이는 물리적 따뜻함을 말하는 것만이 아니다."

따뜻함과 따뜻한 마음 사이의 관계를 살펴보기 위해 학자들은 독창적인 실험을 선택했다.[33] 학자들은 무거운 책과 종이를 들고 있는 여직원에게 자발적으로 실험에 참가할 사람들을 데려오라고 했다. 그리고 함께 엘리베이터를 타고 5층으로 올라갔다. 여직원은 때로는 따뜻한 커피를, 때로는 차가운 커피를 손에 들고 있었다. 중간에 이 여직원은 책 더미를 고쳐들기 위해 실험대상자들에게 잠시 음료수를 들어달라고 부탁했다.

실험실에 도착한 뒤, 참가자들에게 여러 가지 가상의 성격을 설명해준 뒤 그 성격을 평가하게 했다. 엘리베이터에서 따뜻한 커피를 손에 들고 있던 사람은 차가운 커피를 들고 있던 실험대상자들에 비해

‘마음이 따뜻한’과 ‘친절한’과 같은 긍정적 특성을 훨씬 자주 선택했다.

　‘따뜻한’과 ‘마음이 따뜻’은 원칙적으로 친절한 속성으로 간주되는 반면 부정적인 영향을 주는 사람을 차갑거나 냉담하다고 설명한다는 것은 이미 1946년 사회학자 솔로몬 애쉬의 실험에서 밝혀졌다. 애쉬는 실험대상자들을 두 그룹으로 나누어, 그들에게 사람의 여러 특성이 기술돼 있는 목록을 주었다. 한 그룹에는 추가로 ‘차가운’이라는 단어가 포함되었고, 다른 그룹에는 ‘따뜻한’이라는 단어가 포함되었다는 사실을 제외하면, 대다수 기술 내용은 두 그룹이 동일했다.

　그런 다음 실험참가자들에게 목록에 기술된 성격의 특징을 써넣게 했다. 그 결과 ‘따뜻한’이란 단어가 포함된 목록을 읽은 후 작성한 글에는 ‘행복한’과 ‘친절한’ ‘유머가 많은’ ‘관대한’ 같은 개념이 많았다. 반면 ‘차가운’ 이라는 단어를 읽었던 사람들의 글에는 무자비한, 인색한 그리고 불만스러운 같은 개념이 압도적으로 많았다.

　손에 들고 있는 따뜻한 음료 및 부드럽고 포근한 표면이 불러일으키는 유쾌한 작용을 통해 우리는 타인에게 기분 좋은 느낌을 선사할 수도 있다. 가령 우리 곁의 남성들이 자주 찻잔(물론 커피나 다른 따뜻한 음료수도 괜찮다)을 들어 물리적인 따뜻함을 내면적인 따뜻함으로 치환할 수 있다면, 그들은 얼마나 더 온화하고 친절하며 이해심이 많아질까?

물론 막돼먹은 사람이 녹차를 손에 든다고 해서 어느 날 갑자기 감성 풍부하고 너그러운 사람으로 변모하지는 않는다. 하지만 유쾌한 접촉이 냉정한 고집쟁이를 호감이 가는 이웃으로 만드는 데 기여할 수 있다는 사실은 기쁜 소식이다. 따뜻하고 온정 넘치는 마음이 생기면 무례와 완강함을 극복하는 일도 훨씬 쉬워질 테니까. 비록 손에 든 뜨거운 음료수의 도움을 받았다고 해도 말이다.

접촉, 사랑의 필요충분조건

적절한 시기에 올바르게 형성된 관계는 감동적인 효과를 불러온다. 친구들끼리 손을 잡으며 산에 오르면 산이 덜 가파르게 여겨진다. 부부가 아침저녁으로 인사를 할 때 잠시 껴안으면 그들의 심장에도 좋고 혈압도 낮춰준다. 부부가 함께 충만한 관계를 유지하는 것은 그들이 서로를 얼마나 친밀하게 느끼고, 얼마나 집중적으로 서로 접촉하는지에(이중적인 의미) 달려 있다.

이와 반대로 둘 중 하나가 갑자기 쿠션이나 욕조에서 피난처와 안락함을 찾는다면? 이는 분명하고 위험한 경고신호에 다름 아니다. 상호관계에서 더 이상 따뜻함을 찾을 수 없거나 그 사람이 다른 방식으로 친밀함과 접촉을 구한다는 의미이다.

두 사람이 사랑에 빠질 때 접촉에 대한 소망이 가장 극명하게 나타난다. 처음 그들은 정신적인 가까움과 일치감을 느낀다. 동시에 상대방 곁에 머물고, 그의 피부를 느끼며, 그의 냄새를 맡고 느끼려는 욕구도 상승한다.

물론 사랑에 빠진 커플에게 있어 가장 순수하고 아름다운 것은 접촉 그 자체다. 신체는 이런 상태를 한동안 유지시켜주는 메커니즘을 발전시킨다. 그리고 신체 고유의 보상체계로 인해 접촉을 통해 받은 좋은 느낌은 우리 몸과 정신 곳곳에 선명하게 각인된다.

당신을 계속 만지고 싶어

가까이 있으면 있을수록
접점은 그만큼 더 많아진다.

_ 게르하르트 올렌브루크

강렬히 사랑하는 단계에서는 서로 떨어질 수 없다. 연인들은 계속 만지고, 곁에 머물며, 상대방을 느끼고 싶어한다. 그럴 수밖에 없다. 장밋빛으로 물든 이 행복한 상태를 의사들은 종종 일시적인 정신병과 비교한다. 왜냐하면 이런 상태가 일상과 생각과 감정을, 간단히 말해 행동 전부를 결정하기 때문이다. 이런 무한한 행복감이 다양한 신체 현상으로 나타나고, 생명체에도 흔적을 남긴다는 것은 놀라운 일이 아니다. 사랑에 빠지면 호르몬이 정상이 아니라는 것은 말 그대로다. 몇몇 호르몬은 사랑에 빠졌을 때 최고조를 이룬다.

예를 들어 도파민은 '보상 호르몬' 또는 '행복 호르몬'이라고도 불린다. 사랑에 빠진 사람은 행복하고 만족스럽다. 이들의 뇌와 신체 곳곳에서는 도파민을 비롯한 호르몬이 활발하게 분비된다. 행복을 가져다주는 물질의 농도가 올라간다. 사람들이 만족하고 행복감을 느낄 때 수용체(이것은 뇌에 있는 호르몬의 결합장소다)는 더 많은 것을 받아들일 준비를 한다. 이런 메커니즘은 일종의 긍정적 악순환(또는 선순환이라고 해야 하나?)으로 여겨야 한다. 이 메커니즘이 육체를 점점 행복감에 빠져들게 한다.

도파민은 기분을 고양시키고 만족감이라는 유쾌한 감정을 선물한다. 여기에 다른 물질이 신체 접촉에 대한 소망을 깃들게 하며, 특정 상황에서 그 소망을 정점으로 치닫게 만든다. 사랑이 새롭게 불타오르고, 그 사람을 만지고 싶어할 때 옥시토신 호르몬 농도 역시 최고조에 달한다. 이 호르몬은 애정을 느끼고 정서적으로 기꺼울 내 분비뇌기 때문에 '커들 호르몬'이라고 불린다.

이 과정에서 긍정적인 피드백이 따라온다. 옥시토신 수치가 높아지면 몸 안에서 가까움과 애정을 향한 억제하기 힘든 욕망이 샘솟는다. 또 서로 만지고 몸을 비비며 부드럽게 접촉하면 옥시토신 분비가 증가한다. 욕구를 충족하면 이로 인한 욕구가 더욱 강해진다. 이 때문에 다른 사람과 빈번하게 피부를 접촉하고 키스하며 쓰다듬고 애무하는 데 중독될 수 있다.

나는 당신의 체취에 미쳤다

당신과 당신의 향기, 그것은 내게는 마약과 같다…,
나만을 위한 마약.

_ 영화 〈트와일라잇〉 중에서

7년 전 두 사람이 어떻게 알게 되었는지 말할 때 그녀는 지금도 큰 소리로 웃는다. 오페라 가수로 텔아비브에 살고 있는 이 이스라엘 여성은 말했다. "나는 극장 연습실 의자에 걸린 셔츠를 들어 냄새를 맡았어요. 그리고 금방 이 셔츠의 주인을 만지고, 접촉하게 될 것이라는 사실을 알았어요." 그녀는 또 말했다. "피부와 머리카락까지 그를 갖게 될 거야. 나는 그것을 즉각 느꼈어요."

그녀는 그 사람이 누구인지, 어떻게 생겼는지, 관심사가 비슷한지조차 전혀 몰랐다. 그럼에도 두 사람이 아주 잘 어울릴 것이라는 사실을 이 여성 오페라 가수는 확신했다. 셔츠에서 풍긴 냄새가 그녀를 압도했기 때문이다. 두 사람은 오래 전 연인이 되었다. 그녀는 지금도 여전히 이 파트너를 만지고 느끼고 싶은 욕망이 억제할 수 없을 만큼 강하다고 말한다. 파트너도 이미 그 사실을 알고 있다는 듯 미소를 지으며 그녀의 말에 동의한다. 두 사람이 서로 상당히 다르다는 사실을 강조하는 것도 멋지다. 견해와 관심사, 종교적 의무, 출신 가정. 많은 부분에서 이들은 매우 다르고 전혀 어울릴 것 같지 않다. 그러나 그들이 중요한 부분에서 잘 어울리며 항상 서로의 냄새를 맡고 접촉하려 한다면 조금 다른 것이 뭐 그리 중요할까.

조화로운 관계를 위해 냄새와 매력이 밀접하게 상호작용한다는 사실은 아무리 높이 평가해도 부족하다. 남자와 여자가 관계를 계속 유지할지 여부에 대한 테스트는 만날 때마다, 또 처음 접촉한 순간 무의식적으로 이뤄진다. 서로 가까워지고, 가까운 사이로 지내려는 사람들은 서로의 냄새를 맡을 수 있어야 한다. 얼핏 진부한 소리로 들릴지 모르지만 함께 한다는 측면에서 이것은 매우 중요하다. 왜냐하면 서로의 냄새를 즐겨 맡으려는 사람들이 더 오래 관계를 유지하기 때문이다.

진화론적으로 이런 선택 기준은 매우 의미가 있다. 왜냐하면 매력적인 냄새는 잠재적인 파트너가 명백하게 다른 면역체계를 갖고 있다는 사실을 암시하기 때문이다. 서로 냄새를 잘 맡을 수 있는 두 사

장 오노레 프라고나르, '뮤지컬 콘테스트'(1754)

당신과 좀 더 가까이 하고 싶어.
남자는 여인의 가슴과 겨드랑이를 파고든다.
그녀의 체취를 맡으며 그녀를 좀 더 가까이 느끼기 위해.

람이 결합하는 것은 그들의 방어시스템이 후대에 융합돼 다양한 세균에 대해 강한 저항력을 갖게 된다는 사실을 의미한다.[34]

반대의 성향을 가진 사람끼리 강하게 끌린다. 이런 속설은 서로 다른 성격뿐만 아니라 사람의 생리학적 특성과도 관계가 있다. 상대방의 독특한 향기가 자신의 향기와 많이 다를 때 특히 매력적이라고 느끼기 때문이다.[35] 사람들은 서로 낯설 때(적어도 후각적인 관점에서) 상대의 냄새를 더 잘 맡는다. 이와 반대로 자기 냄새와 비슷하면 매력이 없다고 느낀다.

이렇듯 낯선 것을 좋아하는 성향은 순전히 생화학적인 이유 때문이다. 사람은 저마다 다르고, 서로 끌릴 경우 성적 유인물질 역할을 하는 화학적 방향물질이 피부를 통해 밖으로 배출된다. 몇몇 아프리카 부족 사회에서는 호김을 지닌 남성과 여성들이 킁킁거리며 상대방의 겨드랑이와 가랑이 냄새를 맡는다. 땀이 많이 나고, 향기 분비물이 배출되는 곳에서 냄새를 맡는 것이다. 냄새가 마음에 들면 친밀한 사이가 될 수 있다.

바이에른의 토착 원주민들 사이에서도 20세기 전반에는 시골 축제에서 땀수건이 매우 인기가 있었다. 남자가 슈플라틀러 춤(바이에른의 4분의 3박자 민속춤. 춤을 추면서 구두바닥으로 두드림)이나 민속춤을 추면서 몸이 뜨거워지면 수건으로 겨드랑이 밑을 문지른 뒤 관심 있는 여성들이 냄새를 맡을 수 있도록 허공에서 수건을 빙빙 돌렸다. 따라서 깊은 관계에 빠지기 이전에 서로 '냄새를 맡는 것'은 동물 세계뿐 아니라 인간에게도 의미가 있다.

유감스럽지만 호르몬 상태와 남성, 여성의 체취는 세월이 흘러가면서 상당히 변했다. 왜, 어떤 요인 때문에 그런지, 독특한 체취가 어떤 방향으로 발전하는지, 이에 어떻게 대응할 수 있는지는 자세하게 알려지지 않았다.

오랜 세월 동안 지속된 관계에서 여자가 더 이상 남자의 (또는 남자가 여자의) 냄새를 맡지 않는다면 이것은 분명한 경고신호이다. 그러면 친밀해지려는 욕망이 사라지고, 이혼 전쟁에서 칼을 갈지는 않더라도 곧 이별하게 될 정도로 혐오감이 생긴다.

섹스가 피부를 아름답게 한다

사랑이란 두 가지 환상을 교환하는 것이자
피부층 두 개를 접촉하는 것이다.

_ 세바스티앙 샹포르

섹스가 피부를 아름답게 만든다는 말은 한편으로 맞지만, 사실은 반쪽찌리 진실이다. 반면 "사랑으로 가득 친 접촉이 피부를 아름답게 만든다"는 말은 훨씬 설득력이 강하다. 왜냐하면 피부과학적인 면에서 접촉에 따른 만족스러운 느낌이 긍정적인 영향을 주기 때문이다. 그리고 이것은 피부에도 직접적으로 나타난다.

쿠르트 자이코프스키는 라이프치히에서 심신피부과학 치료사로 활동하고 있다. 그는 "피부는 일종의 '사랑의 신탁'"이란 말을 확신한다. 육체적인 사랑은 먼저 피부를 통해 전달되고 쓰다듬기와 포옹, 아늑함과 성적인 감정은 피부 접촉 없이는 불가능하다. 게다가 좋아하는 사람들과의 피부 접촉을 통해 위안과 아늑한 느낌을 받는다.

자이코프스키는 한 연구를 통해 신경성 피부염을 앓는 아이들을 더 자주 안아주면 가려움이 눈에 띄게 줄어든다는 사실을 증명했다. 이는 성인에게도 적용된다. 하지만 피부병을 앓는 성인들은 굳건한 파트너 관계가 없을 경우, 자기 몸을 만져줄 사람을 찾는 게 매우 어렵다. 때로는 만성질환으로 인해 접촉조차 고통스러울 정도로 심하게 피부가 손상되기도 한다. 이는 신경성 피부염을 앓는 사람들에게도 해당된다. 아주 부드럽게 접촉하거나 잠시 쓰다듬거나 팔에 안기는 것도 이들에게는 엄청난 고통이 될 수 있다. 심지어 이들은 연인을 거부하거나 밀어내기도 한다. 피부병 환자들도 신체 접촉을 그리워하기 때문에 이는 매우 심각한 상황이다. 이들의 방어 행위는 가끔 오해를 불러일으키기도 한다.

섹스가 피부를 아름답게 만든다는 속설에 대한 과학적 기록은 거의 없다. 단지 일화와 같은 기록이 있을 뿐이다. 자이코프스키는 정기적으로 오르가슴을 느낄 때 피부가 더 좋아지고 촉감도 더 부드러워지며, 반대로 오르가슴이 없으면 피부병이 더 빨리 재발된다고 생각하는 남성 여드름환자에 대한 이야기를 들려주면서 "오르가슴은 잠처럼 긴장완화의 한 가지 형태이며 긴장 완화는 피부에 좋다"라고 말한다.[36]

이 치료사는 여성 환자들의 자위를 통한 오르가슴은 피부를 아름답게 만들기에 충분하지 않다는 사실도 관찰했다. 여성들의 피부가 긍정적으로 반응하려면 다른 사람이 여성을 접촉해주어야 한다. 이와 달리 남성은 외부 접촉을 그리 많이 필요로 하지 않는다. 피부를 통한 육체적 애정에 대한 욕구가 여성에게서 더 큰 역할을 할 수 있다고 자이코프스키는 생각한다.

나아가 유대감의 강도가 피부병 정도와 진단에 일정한 역할을 하는 것 같다. 파트너들이 자신의 관계를 안정적으로 느낄수록 피부도 더 좋았다. 물론 이것은 신경성 피부염이나 건선을 앓는 참가자들의 주관적인 평가였다.[37] 이와 반대로 관계를 회의적으로 생각하고 오래 지속될 것이라 확신하지 못한 사람은 스스로 피부에 문제가 많고, 자주 습진이나 발진을 앓는다고 생각했다. 안정적인 파트너 관계가 적어도 부분적으로는 피부병 환자의 상태 악화를 막아주는 것만은 분명한 듯하다.

물론 이런 견해를 확대해석해 모든 뾰루지를 스트레스나 남녀 관계의 문제로 연결시키는 것은 잘못된 시각이다. 피부는 건강하지만 심리적인 문제를 지닌 사람도 있고, 균형 잡히고 조화로운 파트너 관계를 유지하는 피부병 환자도 많기 때문이다.

사랑도 배신도 호르몬의 장난?

한 번 접촉으로, 영원히 유혹당했네.

_ 헬레네 피셔

피는 물보다 진하다. 허구한 날 투닥거리는 가족 구성원들이, 그럼에도 서로 돕고 의지하는 이유를 대부분 이렇게 설명한다. 상대방이 없으면 아무 일도 못할 정도로 두 사람이 서로 의지하는 경우, 이는 사랑임에 틀림없다. 그런데 사람들이 관계를 유지하고, 가까움을 느끼도록 하는 것은 무엇일까?

옥시토신 호르몬이 긴밀한 관계에 얼마나 중요한지는 인간보다 먼저 동물을 통해 밝혀졌다. 이 호르몬은 가까움에 대한 욕구를 강화하고 적절한 사회적 태도를 장려한다. 예를 들어 프레리 들쥐는 비교적 높은 옥시토신 수치를 보인다. 이 때문에 평생 일부일처제를 유지하며 파트너에게 충실하다. 이 들쥐는 초원에서의 견고한 관계를 대단히 높게 평가하며 서로 몸을 비비고 껴안는데, 그런 행동이 그들에게 즐거움을 준다.[38]

이와 달리 이 들쥐와 친척 관계인 산 들쥐는 반대로 행동한다. 산 들쥐는 매우 난잡하게 짝을 짓는다. 이 난잡한 설치류는 혈액 속에 커들 호르몬이 거의 없으며, 프레리에 사는 친척만큼 가까움을 필요로 하지도 않는다. 산 들쥐는 홀로 세상을 떠도는 고독한 방랑자이다. 때로는 여기서 때로는 저기서 짧은 관계를 맺은 다음 또 다른 산 들쥐를 만나 짝짓기를 한다.

물론 헌신적인 프레리 들쥐의 옥시토신을 실험실에서 억제하면 이 설치류도 갑자기 난잡해져 제멋대로 짝짓기를 한다. 그러니까 프레리 들쥐도 더 이상 신의 있고 다정하며 가정적인 동물이 아니라, 신뢰할 수 없고 부정한 짓을 저지르는 들쥐가 되는 것이다.

인간도 다르지 않아서 이 호르몬이 유대관계의 기본 패턴을 관장한다. 어머니가 아이를 꼭 껴안거나 파트너가 서로 영원한 사랑을 맹세하며 사랑의 황홀경에 빠지면 옥시토신이 매우 왕성하게 분비된다. 이 호르몬은 가까움과 신체 접촉에 대한 욕구를 지속시키고, 접촉에 대한 열망을 북돋운다. 자, 그런데 이런 방법으로 애정이 듬뿍 담긴 안정적인 파트너 관계가 보장된다면 과연 옥시토신은 모두에게 적절한 해결책일까?

놀랍게도 다루기 힘든 주제인 돈을 이용한 실험에서도 성공한 적이 있었다. 취리히 대학교에서 실시한 실험을 보면, 비즈니스 게임에서 다양한 액수를 투자하게 될 실험대상자들이 사전에 옥시토신을 코에 뿌리자 게임 파트너에 대해 더 많은 신뢰를 보였다. 뇌에 수용체가 많이 형성돼 있으면 자발적으로 참가한 사람들은 기꺼이 더 많은 금액을 투자한다.[39] 참가자들이 게임 파트너를 모르거나 이전 파트너의 공정하지 못한 행위가 드러나 믿지 못할 이유가 있을 때에도 명확한 인과관계가 나타났다. 그러므로 유대감에 대한 열망은 호르몬으로 매개돼 육체적으로 표현될 뿐만 아니라, 신뢰와 정신적 가까움을 강화시키는 감정이다.

스트레스 반응은 왜 사람마다 다를까

나를 잡아주세요, 그리고 느끼세요.
당신의 터치를 기다리고 있어요.

_ 블레이크 루이스

커플 호르몬인 옥시토신은 친밀감을 생기게 할 뿐만 아니라 다른 긍정적인 특성도 깃고 있다. 스트레스를 받을 경우 이 물질은 마음을 진정시키고 기분을 평온하게 한다. 또 신체 고유의 보상 시스템을 활성화시킨다. 즉 스트레스에도 불구하고 과중한 부담을 지고 있다는 느낌에 시달리게 하지 않는다. 그러니까 주변에서 매우 다정하다고 평가받고, 다른 사람들을 포용하며, 타인에게 자주 호의와 존경심을 표현하는 사람은 스트레스에 대해 눈에 띄게 강한 저항력을 갖고 있는 것이다.[40]

스트레스 지각에 관한 독창적인 실험을 통해 스트레스 반응이 사람마다 얼마나 다르게 나타날 수 있는지가 밝혀졌다. 아주 어려운 난제를 앞두거나 갈등을 겪은 후에는 모든 사람이 스트레스에 의해 유발된 반응을 보였다. 그러나 다정하고 사교적인 사람은 스트레스에 잘 대처했다. 이런 태도는 혈액 속에서 현저하게 높아진 옥시토신 수치에서도 나타난다. 스트레스 테스트를 하는 동안 이 호르몬이 증가했다면 스트레스를 더 쉽게 완화할 수 있으며, 다른 사람과의 관계 역시 더 깊게 지속적으로 유지되었다는 점을 의미한다.

그렇다고 우리가 이 커플 호르몬을 사용하고 활성화하는 데 직접적인 영향을 미칠 수는 없다. 옥시토신 농도는 주로 어린 시절 엄마와 얼마나 밀접한 관계를 형성했으며, 그 관계가 얼마나 사랑으로 가득 차 있었는지에 따라 달라지는 듯하다.[41] 성인이 되어 스트레스에 대처하는 태도, 그리고 갈등이 유발되는 힘겨운 상황에서 누군가를 공격적이고 적대적으로 대하거나 침착하고 원만하게 대응하는 태도는 유아기에 경험한 유대감의 강도에 달려 있는 셈이다.

연구자들은 말다툼을 한 부부들을 상대로 옥시토신 스프레이 실험을 실시했다. 호르몬 수치에 따라 파트너들의 관계가 달라지는지 알기 위한 실험이었다. 연구자들은 기분 나쁜 트릭을 이용했다. 일정한 패턴에 따라 그들이 말다툼을 하고 전형적인 문제에 대해 대화를 하도록 파트너들을 자극한 것이다. 분노는 이런 식으로 프로그래밍되

옥시토신은 친밀감을 생기게 할 뿐만 아니라 스트레스를 낮춰주는 효과도 있다.
무엇보다 이 호르몬은 우리를 사랑으로 충만한 관계로 이끈다.

었다. 참가자들 가운데 절반에게는 코에 옥시토신을 뿌렸고, 나머지 절반에게는 가짜 약을 뿌렸다. 그리고 부부들의 논쟁 상황을 비디오로 녹화했다. 연구자들은 싸우는 사람들의 언어를 통한 의사소통뿐 아니라 비언어적인 행동도 면밀히 평가했다. 그들의 시선과 제스처, 표정, 거부 반응 및 내적인 후퇴를 주의 깊게 관찰했다. 또 타액에서 스트레스 호르몬인 코르티솔을 측정했다.

결과는 놀라웠다. 코에 뿌린 옥시토신이 말다툼하는 부부의 의사소통과 정서적 친밀감을 상당해 개선시켰다. 더불어 그들은 코르티솔 수치도 현저히 낮았다. 연구자들은 "옥시토신은 동물뿐만 아니라 사람도 단순하게 만들고, 서로에게 다가서게 하며, 서로를 결속시키는 것 같다"고 말한다. "이 호르몬은 부부 간의 긴밀한 관계와 사랑으로 충만한 태도를 만드는 데 중요한 역할을 한다." 분명 이 호르몬은 말다툼이 공공연한 싸움으로 번지지 않도록 하는 데 결정적인 기여를 했다.[42]

이 실험에서 나온 놀라운 부차적 결과가 있다. 옥시토신 호르몬을 뿌린 부부들은 논쟁이 끝난 후 빨리 손을 잡았고, 금방 다른 접촉을 하는 데 마음을 빼앗겼다.

고통에 대처하는 남녀의 차이

질문하지 않고도
여성에 관한 모든 것을 알 수 있다.

_ 윌리엄 서머싯 몸

일반적으로 남자와 여자는 다르다고 한다. 스트레스를 체험하고
시삭하는 데에서도 남녀의 차이가 크다는 사실은 놀랍다. 주말을 예
로 들어보자. 남자나 여자 모두 평일은 부담스럽게 생각한다. 그러나
주말에 대개 여성들은 남편보다 덜 행복하다. 아마 여성들은 주말에
자기 파트너를 더 오래 견뎌야 하고, 남편은 여성에게 어떤 것을 해
주어야 하는지 잘 모르는 것에 원인이 있는 것 같다.

반면 많은 사람들은 배우자를 못살게 하려면 상대에게 무슨 짓을
하면 되는지는 비교적 잘 알고 있다. 파트너 관계에서 두 사람은 무
엇이 상대방을 열 받게 하고, 어떻게 못된 짓을 저질러야 하는지 금

방 알아차린다. 물론 상대방을 기분 좋게 만들고 서로의 기운을 북돋 워주는 것에 관한 지식은 훨씬 덜 알려져 있다. 이와 관련해 서로를 헐뜯고, 관계를 불안하게 만드는 대신 서로를 격려해주는 데 도움이 되는 몇 가지 간단한 트릭이 있다.

프라이부르크 대학교의 마르쿠스 하인리히스는 여성들이 목덜미 를 주무르며 침묵을 지키는 몹시 지친 상황에 처했을 때, 남자들이 아내나 연인을 돕는 것이 가장 좋다는 사실을 발견했다.[43] 이런 상황 을 위해 그의 팀은 독창적인 실험 상황을 선택했다. 자발적 실험대상 자들은 몇 분 내에 낯선 청중 앞에서 연설을 해야 하고, 이어 2343과 같은 숫자에서 계속 87을 빼야 했다. 이때 실수는 피할 수 없었지만 그래도 계산이 맞으면 연구 책임자들은 "더 빨리, 더 빨리"라거나 이 들을 당황하게 만드는 말을 외치면서 참가자들을 다그쳤다. 예를 들 어 그들 계산이 옳았음에도 일부러 "틀렸어!"라고 외치는 식이었다. 이런 형태의 정신적 테러는 모든 사람들이 스트레스를 받게 만든다.

이 스트레스 테스트를 하는 과정에서 부부들만 한 공간에 두고 관 찰을 했다. 이 공간에서 그들은 이야기를 하거나 침묵을 지키거나 게 임을 하면서, 필요할 경우 성적으로 난처하지 않을 정도의 신체 부위 를 접촉할 수 있었다. 이 과정에서 드러난 남성과 여성의 차이는 놀 라웠다. 여성들의 경우 자기 파트너가 아무런 말 없이 목덜미를 주물러주었을 때 스트레스 호르몬이 눈에 띄게 낮아지면서, 맥박과 호흡, 혈압이 정상 수치로 내려갔다. 이들은 한 마디도 하지 않았다. 말로 하는 정신적 마사지는 전혀 없었다. 그저 손을 올려놓는 것으로 충분했다. 이와 달리 스트레스에 시달리는 여성을 남성이 말로 진정시키려 했을 때, 이것은 육체적인 경고 반응에 거의 아무런 긍정적 영향을 주시 못했다. 오히려 여성들은 더 스트레스를 받았다.

남성들에게는 정반대의 규칙이 적용되었다. 남성들이 불쾌한 과제에 직면하면 먼저 여성 파트너와 이야기를 하려 했다. 여성에게서 이해와 위로의 말을 듣고 싶어한 것이다. 여성 파트너는 남자에게 반드시 시련을 극복할 것이라 말하며 그의 일상적인 상상력을 지지해주어야 했다. 이것은 운동선수가 시합에 나서기 전, 트레이너로부터 격려의 외침을 듣는 것과 비슷한 효과를 주었다. "네가 최고야, 너는 해낼 거야, 넌 할 수 있어."

이처럼 남성들은 어려운 과제를 앞두고 여성 파트너로부터 지지와 응원의 메시지를 들을 때 힘을 얻었다. 파트너의 말로부터 밀접한 유대감을 확인한 남성들은 스트레스에 훨씬 덜 민감하게 반응했다. 그럴 때 그들의 두려움은 감소하고 어려운 임무 앞에서도 별로 불안해하지 않았다.

오래된 부부, 애정은 어디 있는가?

사무실에서 긴 하루를 보낸 후 늦은 저녁이 되면 사람들은 그냥 휴식을 취하고만 싶다. 흥미진진한 경험은커녕 말조차 하기 귀찮아진다. 사람들은 지쳐 있고, 짐작하건대 기분도 최고가 아니다. 그런데 파트너가 오늘 하루 어땠는지 묻는다. 불친절하지는 않되 교묘하게 신경을 긁는 질문이다. 꾸역꾸역 하루를 되돌아 보지만 너무 지쳐서 이야기할 기분이 아니다. 그냥 소파에 앉아 안기고 싶다. 조용한 포옹, 말없이 어깨를 감싸주는 것. 그것만으로 하루의 불쾌함이 잊혀질 것 같다.

육체적 접촉이 다양한 방식으로 긍정적인 작용을 한다는 사실은 이미 오래 전 과학적으로 입증되었다. 육체적 접촉은 면역계를 활성화시키고 면역세포를 강화한다. 육체적 접촉인 마사지를 하면 혈압이 낮아지고 아이들 발육이 촉진되며 우울증 같은 심리적 질병을 예방할 수 있다.[44] 또 접촉은 공격성을 완화시킨다. 부부끼리 말다툼을 한 후 손을 잡거나 말 없이 어깨를 주물러주면 스트레스 반응이 줄어

들고 갈등이 더 원만하게 해결된다.

　물론 사람 간 접촉만이 이처럼 만족스러운 영향을 주는 것은 아니다. 마사지 로봇도 비슷한 서비스를 할 수 있고, 몸을 튼튼하게 만들어 생명연장에 기여한다. 설령 그렇다 해도 내가 강조하고 싶은 건 접촉을 주고받는 사람 사이의 관계다. 그들의 관계가 생기 넘치고 사랑으로 가득 차 있는지도 매우 중요하다. 유감스럽지만 부부 사이라고 해서 항상 생기와 사랑으로 가득 차 있는 관계는 아니기 때문이다. 특히 오래된 부부들 중 상당수가 접촉의 혜택을 포기한 채 살아간다. 걱정스럽고 서글픈 현실이 아닐 수 없다.

쓰다듬기는 특히 남자에게 유익해

어떤 사람과 많은 대화를 한 후에는
개를 쓰다듬고 싶은 욕망이 생긴다.

_ 막심 고리키

결혼한 지 여러 해가 지난 커플이 서로를 위해 마지못해 애정을 끌어모은다면 이들 관계는 무언가 잘못된 것이다. 사람은 함께 보내는 시간이 길어지면 서로에게 더 익숙해지고 상대방의 단점을 속속들이 알게 된다. 그러나 그 결과로 상대방을 쓰다듬어주지 않고, 오직 냉정한 분주함만이 서로의 관계를 규정하게 해서는 안 된다.

유타 대학교 심리학자들은 사랑으로 가득 차고, 마음이 따뜻한 접촉이 얼마나 유익한지를 분석했다. 줄리안 홀트-런스태드 팀은 20~39세 사이의 비교적 젊은 커플들을 조사했다.

이들 가운데 절반에게는 4주일 동안 파트너와 계속 접촉하도록 요

적극적으로 청했다. 반면 나머지 절반 그룹에 대해서는 그들의 접촉 행위를 그저 관찰하기만 했다.

4주일이 지난 뒤 놀라운 결과가 나타났다. 혈액과 타액에서 스트레스 수치를 측정하자 자주 접촉한 커플들의 경우 스트레스 반응이 현저히 낮은 것으로 드러났다.[45] 이 그룹에서는 4주 동안 '커들 호르몬'인 옥시토신만 현저하게 증가한 것이 아니었다. 스트레스 호르몬인 코르티솔이 눈에 띄게 감소했고, 혈압도 더 낮았다. 특히 여성보다 남성의 혈압이 눈에 띄게 떨어졌다.

이런 실험결과로 미뤄보건대 기분 좋게 해주는 애정과 신체 접촉에서 확실히 이득을 보는 쪽은 남자들이다.

소소하게 흐르는 애정

결혼, 숫돌 두 개의 상호 간 애정이다

_ 존 오스본

하루 일과를 마치고 귀가하는 사람을 가족이 어떻게 맞이하는지
는, 행복과 건강에 절대적인 영향을 미친다. 녹초가 돼 귀가하는 남
편을 아내가 따뜻하게 안아주는 것과 계속 트집을 잡는 것에는 큰 차
이가 있다. 피곤한 몸으로 퇴근하는 아내를 위해 남편이 꽃다발을 준
비하고 따뜻한 식사를 차리는 것과 현관문에 들어서는 그녀를 보자
마자 툴툴거리며 "배 고파, 밥 줘"라고 말하는 상황은 천양지차다.

스트레스에 시달리는 많은 직장 여성들이 오래 전부터 예감하고
있던 사실이 얼마 전 과학적으로 입증되었다. 토론토 출신 심장병 전
문의는 파트너가 전하는 진심 어린 인사, 더 좋게 말하면 애정이 담

긴 인사는 혈압을 떨어뜨리고 건강에도 유익한 영향을 준다는 사실을 입증했다.[46] 의학자들은 이런 좋은 소식이 남자와 여자에게 동일하게 적용된다는 사실을 강조한다.

연구를 주도한 셸던 토브Sheldon Tobe는 "일터에서 받은 스트레스는 혈압에 많은 영향을 준다"고 말한다. 의사들은 연구를 위해 1년 동안 남녀 216명을 관찰했다. 연구팀은 실험 초기에 모든 참가자를 대상으로 하루 24시간 혈압 변동을 면밀하게 조사했다. 그리고 시간이 지나 연구가 끝날 즈음 다시 혈압을 측정했다.

이 과정에서 실험대상자들은 자신이 어떤 가족관계 속에서 살아왔는지, '파트너와의 결속력'을 어떻게 평가하는지 기록했다. 또 일을 하는 동안 받는 스트레스 등급도 기록했다. 영국 심장재단의 샤메인 그리피스Charmaine Griffiths는 "동기 부여가 되기 위해서는 어느 정도의 긴장이 필요하다"고 말한다. "그러나 너무 많은 스트레스를 받을 경우 혈압이 상승한다." 이런 상태가 지속되면 위험하다. 심근경색과 뇌졸중 발작 및 다른 질병의 원인이 되기 때문이다.

지속적인 연구결과, 일을 하는 동안 심한 스트레스에 노출되었지만 귀가 후 휴식시간에 파트너로부터 다정한 애정 표현을 받은 실험대상자의 혈압은 평균보다 2.5퍼센트 떨어졌다. 얼핏 미미한 변화로 여겨지기 쉽지만, 이 결과는 의학적으로 중요하다. 왜냐하면 나이가 들수록 우리의 혈압은 높아지기 때문이다. 게다가 일하는 동안 스트레스를 받았으나 귀가해도 그를 그리워하며 기다리는 가족이 없거나 오히려 배우자로 인해 화가 날 경우, 그들의 혈압은 2.8mmHg 높아졌다.

물론 이 연구의 방법론에 대해 나름 근거 있는 비판이 나오기도 했다. 그러나 온정에 대한 연구와 파트너 사이의 키스행위에 대한 연구는 때로 '맹검법blinded'으로 진행되기도 했는데 그 결과 역시 과학적 표준에 부합한다. 맹검 연구의 경우 실험대상자들은 그들이 제대로 된 치료를 받는지 아니면 가짜 치료를 받는지 모른다.

이 연구에서 학자들은 강렬한 열애 같은 방해 요인을 배제했다. 후들후들 떨리는 무릎은 혈압을 금세 위험한 수준으로 끌어올릴 수 있기 때문이다. 이 때문에 적어도 반년 이상 함께 살고 있는 커플로 대상자를 제한했다. 애정을 통해 혈압을 낮추는 것이 바람직하지 않다는 이의 제기도 무력해진다. 연구 대상인 커플들의 나이는 40~65세였기 때문이다. 이 시기에는 혈관 속에 격정이 남아 있는 경우가 매우 드물다. 다만 조용히 피가 흐를 뿐이다.

손을 잡고 사랑을 나누다

손을 쓰다듬을 때 그 손은 눈에 띄게 아름다워진다.

_ 페터 알텐베르크

　항상 손을 잡고 몸을 밀착시키며 키스를 주고받는, 남들이 부러워
할 만한 커플들은 도대체 어떤 비결을 지닌 것일까. 혹시 쉬지 않고
자신들의 유대감과 애착을 확인해야 할 정도로 불안감을 느끼는 유
형은 아닐까? 아니면 그냥 습관처럼 상대방을 잡고 있는 것일까? 그
도 아니라면 사랑의 왕도를 발견해 몇 년이 지난 후에도 여전히 첫
날처럼 서로에게 빠져 언제 어디서든 그것을 보여주고 싶은 걸까?

　파트너를 만나 그와의 관계를 오랫동안 지속하려는 사람은 자주
신체를 접촉하고 사소한 애정을 표현하는 행위를 절대 등한시해서는
안 된다. 이것이 꼭 섹스를 의미하는 것은 아니다. 손을 잡는 것만으

로도 도움이 된다. 버지니아 대학교 제임스 코언은 사랑하는 사람들이 서로 손을 잡고 싶어하는 이유와 이런 행동이 지닌 믿을 수 없을 만큼 커다란 유익을 뇌 스캐너를 통해 상세하게 연구했다.

매우 활동적인 뇌 부위를 컬러로 나타내는, 소위 기능적 자기공명영상MRI을 이용한 연구는 특정 센터에 집중 분포한 신경세포 및 신경연결부의 활성화 패턴에 대한 정보를 제공하지만, 그곳의 교류 특성까지 정확하게 알아내기는 어려웠다. 그러나 기술 발달로 신경 활성 장소를 찾아내면서 어떤 느낌과 사고를 갖고 있는지까지 추정할 수 있게 되었다.

수많은 연구에서 코언 팀은 손을 잡는 것이 주관적인 공포감을 줄여주고, 다른 신체 기능에도 긍정적인 효과를 준다는 사실을 관찰했다. 손을 잡으면 운동 근육 및 정서적인 긴장이 금세 완화되며 통증 지각도 확연히 낮아진다. 이것이 관계에서의 결속을 강화하며 관계의 수명도 연장시킨다.[47] 전반적으로 두 사람은 스트레스를 덜 느낀다. 슬픔은 나누면 반으로 줄어든다는 오래된 격언처럼.

이런 법칙은 연인관계뿐 아니라 친구 사이에도 적용된다. 좋은 벗이 곁에 있으면 등산길의 오르막도 덜 가파르게 느껴진다. 이와 반대로 혼자 산을 타는 사람은 똑같은 오르막을 더 가파르고 힘들다고 느낀다. 친구를 오래 사귀고 그 사이가 친밀할수록 오르막은 점점 더 평평하게 보인다. 산에서 맺은 우정이나 암벽을 타는 동료 사이에서 이루어진 사랑이 오래 유지된다는 이야기는 아직까지 과학적으로 입증되지 않은 속설에 불과하다. 어쩌면 머잖아 연구자들이 산 속 대피소에서 벌어지는 사회적인 태도를 관찰하면서 뭔가 새로운 발견을 이루어낼 것도 같다.

손은 거짓말을 하지 않는다

손에서 그의 삶이 배어나오고,
손이 닿는 곳 거기가 어디든 마법과 같은 흔적이 남는다.
그러므로 사랑의 환희 절반은 손에서 나온다.

_ 오노레 드 발자크

기혼이든 미혼이든 모든 커플에게 전한다. 여러분은 이미 연인이 손 잡아주는 것이 얼마나 유익한지 잘 알고 있다. 손을 잡으면 기분이 좋아진다는 사실을 이론적으로 알고 있을 뿐만 아니라 실제로도 체험한다.

그러나 당신이 손을 잡은 그 사람이 진짜 내 사람이라고 확신하는가? 다시 말해 손을 잡을 때 마음을 진정시켜주고, 기운을 북돋워주며, 기분을 즐겁게 해주는 효과는 손을 잡아주는 사람이 누구인가에 따라 달라진다.

기혼 여성을 상대로 전기통증 자극을 가한 연구에서 여성들이 스트레스에 대해 얼마나 다양하게 반응하는지가 확인되었다. 실험을 하는 동안 자발적으로 참가한 여성들은 익명의 실험실 직원 손을 잡거나 누구의 손도 잡지 않았을 때보다 남편 손을 잡았을 때 스트레스 및 통증 반응이 훨씬 완화되었다. 물론 남편에 대한 반응이 항상 기분 좋은 결과를 보이지는 않았다. 조화롭고 행복한 관계를 유지하는 여성은 파트너와의 관계에 별로 만족하지 못하는 여성 참가자들보다 남편 손을 잡았을 때 확실히 통증을 덜 느꼈고, 스트레스 반응도 더 적었다.

세상은 불공평하다. 결혼에 만족하지 못하는 여성들은 파트너와의 관계에도 심한 불만을 품고 있었다. 또 외부에서 가하는 통증에도 더 아프게 반응했다. 어쩌면 이는 곧 다른 누군가에게 손 내밀 때가 다가오고 있다는 징후일지도 모른다.

백년해로에 이르는 길

사랑이란 가까움과 접촉,
무엇보다 신체적 접촉을 의미한다.

_ 데스먼드 모리스

오래된 커플 사이에서 일상은 우울하고 매정할 수도 있다. 침대에서 오랫동안 아무런 관계를 맺지 않았고, 접촉이라고 해봤자 부엌과 거실 사이 모퉁이에서 실수로 부딪힐 때처럼 아주 우연하게 이루어진다. 제기랄, 아주 오래된 영화 제목으로 표현하고 싶은데, 애정이 있어야 말이지. 이런 관계에서 불쾌하고 비극적인 것은 두 배우자 모두 남 몰래 더 자주 만져주기를 욕망한다는 사실이다.

10여 년 이상 함께 생활한 '오래된 연인'이라 해도 자주 접촉해서 상배방에게 유익을 주어야 한다. 사랑으로 가득 찬 접촉은 심장과 혈관 및 다른 기관에도 도움을 주기 때문이다.

서로에 의지해 길을 걸어가는 나이든 부부.
그들을 여기까지 지탱해준 건 이제 앙상해진 서로의 손길이었을지 모른다.

스위스 프리부르 대학교의 안틱 데브로Antik Debrot를 비롯한 심리학자들은 남성과 여성이 파트너에 대해 어떤 감정을 품고 있으며 이 관계를 어떻게 평가하는지, 이것이 상호접촉과 어떤 관련이 있는지 조사했다. 102건의 파트너 관계를 분석한 결과에 따르면, 자주 접촉한 남녀가 파트너와 정서적으로 더욱 강한 연대감을 느꼈다.[48] 상호 간 접촉은 그것이 비록 일시적이라 해도 큰 신뢰감으로 연결되었다.

이와 더불어 관계에 대한 감정도 더 좋아진 것으로 나타났다. 이 감정은 두 파트너 모두에게 영향을 미쳤다. 첫 번째 연구 이후 6개월 동안 그들을 추적조사한 결과 서로 많이 접촉한 참가자들이 6개월 이후에도 행복했으며 파트너 관계도 만족스럽게 느꼈다.

언뜻 이런 결과가 놀랍지 않을 수 있다. 서로 좋아하는 사람들이 자주 안아주고 다정하고 사랑스럽게 대하는 것은 당연하기 때문이다. 하지만 결혼이나 동거를 시작하고 여러 해가 지나 서로에게 무관심해진 커플들도 자주 쓰다듬거나 안아줄 경우 관계를 회복하고 안정시키는 효과를 가져온다는 사실은 매우 고무적이다. 그러므로 잠깐의 접촉도 등한시할 수 없는 것이다. 결혼한 지 오래된 커플들은 요리를 하거나 대화를 하면서, 아침에 작별을 할 때 가끔 서로를 만져주는 것이 얼마나 아름답고 소중한 일인지 명심해야 한다.

참지 마라, 그냥 안아라

대화는 서로 거리를 두고 접촉하는 것이다.

_ 크리스티안 모르겐 슈테른

오래된 부부 관계는 이렇다. 한 사람은 상대방 때문에 잠재적으로 신경질이 나 있다. 이미 오랫동안 참아야 했고, 변하지 않는 파트너의 변덕에 화가 난다. 계속 다투지 않기 위해 많은 부부들은 특별한 전략을 선택했다. 상대방을 더 이상 변화시킬 수 없다는 사실을 깨달은 그들의 현실적인 목표는 불화를 피하는 것이 된다. 그들은 화가 났다는 사실을 입 밖에 내지 않고, 트집을 잡는 대신 말을 하지 않으려 혀를 깨문다.

이런 커플들은 몇 가지 문제에 대해서는 두 사람의 의견이 일치하는 않는다는 사실에 동의한다. 즉 "그들은 서로 다름을 인정한다."

하지만 실상은 싸움과 말다툼을 피할 뿐이다. 체념과 내적 혐오까지는 아니더라도, 이전처럼 싸움을 계속하며 살지 않겠다는 완강한 태도는 매우 위험하다. 자칫 의사소통의 막다른 골목으로 빠져들 수 있기 때문이다.

스위스의 심리학자들은 사람들이 자신의 관계를 긍정적으로 평가하는 요인은 무엇인지, 또 어떤 행동 유형의 사람들이 자신의 관계를 긍정적으로 평가하는지에 대해 연구했다. 이를 위해 100여 쌍의 커플을 상대로 그들의 일상 행동을 파악했다. 금세 전형적 패턴이 나타났다. 실험 커플 중 일부는 무언가가 그들을 방해하면 침묵하며 분노를 삼켰다. 반면 다른 유형의 커플은 항상 즐겁게 서로를 만졌다. 그 결과 첫 번째 그룹은 자신에 대해 부정적인 감정이 싹텄고, 두 번째 그룹은 파트너에 대해 호의를 느끼는 것으로 나타났다. 커플들의 분위기를 계속 관찰하면서 이들이 각각 파트너 관계를 어떻게 평가하는지 조사했다.

결혼과 접촉의 영향에 대한 파트너들의 입장을 가능한 정확하게 알아내기 위해 연구자들은 커플들에게 태블릿 PC를 주고, 일주일 동안 하루에 네 번씩 자신들이 한 일과 느낀 점을 입력하게 했다. 심리학자 안틱 데브로는 "에로틱이나 섹스 없이도 파트너들이 서로 자주 접촉한다는 사실에 놀랐다"고 말한다. 커플들은 함께 하는 시간 중

85퍼센트의 상황에서 잠시나마 서로 쓰다듬거나 안거나 또는 다른 방식으로 접촉했다. 그렇게 자주 접촉하는 커플들의 관계는 매우 긍정적으로 보였다. 데브로는 "접촉은 육체뿐만 아니라 정신에도 유익하다"고 강조한다.

일주일 후 분명한 결과가 나타났다. 자신의 생각을 억누른 사람은 파트너 관계에 대해서도 부정적인 평가를 하고 있었다.[49] 놀랍게도 남자 파트너는 상대가 자신들의 관계를 부정적으로 평가했다는 사실을 알지 못했음에도 불구하고, 기분이 나쁘다고 보고했다. 반면 서로 많이 만진 커플은 자신들의 관계에 대해 긍정적으로 평가했다.

상대방에게 자신의 생각을 표현하지 않았던 사람들에게서 나타난 부정적인 분위기는 아주 간단히 없앨 수 있었다. 다정하고 따뜻한 파트너 간 접촉으로 분위기는 금세 바뀌었다. 심리학자들은 이런 방식으로 심리적 건강을 승진시키는 방법을 찾을 수 있다고 생각한다.

서로 관심을 기울이고 반응을 보이는 것은 내면적인 연애관계의 중요한 특징이다. 이를 통해 연인들은 점점 더 가까워진다. 상대가 자신과 깊은 관계를 맺고 있으며, 더 가까워지기 위해 노력한다는 확신이 있을 때 견고한 신뢰감이 형성됐다.[50] 사람들은 스스로 감정이입 능력이 있고 이해심이 많다고 생각할 때 자기 파트너 역시 사려 깊다고 평가하는 경향이 높았다. 연구자들은 이 같은 결과를 분석하면서, 자기 행동에 대한 지각이 파트너 관계에 투영되는 방식으로 가까움과 친밀감이 점점 굳건해지는 증거라고 결론내렸다.

그 원인은 기분을 고양시키고 관계를 빛나게 하며 스트레스를 줄여주는 접촉의 효과에 있는 듯하다. 따라서 서로 안아주는 것은 일상생활에서 분위기를 밝게 만드는 가장 간단한 방법이다.

놀랍게도 이런 효과는 오랫동안 지속된다. 실험기간 동안 가장 빈번하게 접촉했던 참가자들은 6개월 후에도 그들의 심리 상태가 현저히 개선됐다고 보고했다.

너에게 내 손은 약손

모든 정열은 피의 온기와 냉기의 차이이다.

_ 라 로슈코프 공작

커플이 서로 가까워지지 못하게 방해하는 요소는 여러 가지다. 관계가 제대로 기능하지 못하면 다른 불평도 쌓인다. 여성들은 남편에게 존중받지 못한다고 느낄 때 코감기를 동반한 유행성 감기와 기침, 목소리가 쉬는 것과 같은 일반적인 질병뿐만 아니라 위장장애나 방광염에 자주 걸린다.[51] 누군가 "코감기에 걸렸다"는 것은 이중적인 의미가 있다. 콧물과 무시당한다는 느낌은 서로 연관이 있다.

이와 달리 조화로운 관계를 맺고 있는 두 파트너는 병에 걸리는 일이 훨씬 드물다. 그동안 많은 과학자와 의사들은 긍정적인 감정으로 형성된 유대감이 실제 약품만큼 중요한 치료제일 수 있다는 사실을 알게 되었다. 1970년대 한 연구에서 남성들은 이런 질문을 받았다. "여러분의 아내가 당신을 사랑한다고 믿는가?"[52] 유감스럽게도 아내가 자신을 사랑한다고 확신하지 못하는 남자들은 이 질문에 기쁘게 "예"라고 대답한 남자보다 심장장애와 심근경색에 걸릴 확률이 두 배나 높은 것으로 밝혀졌다. 콜레스테롤 수치 상승과 고혈압, 운동 부족, 과체중이나 심근경색, 뇌졸중 발작에 대한 또 다른 전형적인 위험인자를 지닌 남자들마저 단지 사랑받는다는 느낌만으로 그들은 강력하게 보호받고 있는 듯했다.

십이지장궤양에서도 비슷한 연관관계가 나타났다. 클리브랜드 출신 연구자들은 8,000여 명의 남성들을 상대로 실험을 하면서 "아내는 나를 사랑하지 않는다"라는 문장에 동의한 남자들에게 특히 주목했다.[53] 그 결과 아내에게 사랑받지 못한 사람의 복부에서 훨씬 자주 궤양이 발견됐다. 연구자들은 담배를 피우고 혈압도 높으며 스트레스를 많이 받는 남자라 할지라도 아내로부터 사랑을 받을 경우, 미움이나 멸시를 당하는 남자보다 십이지장궤양에 걸릴 위험성이 낮은 것으로 나타났다고 밝혔다.

뉴욕 컬럼비아 대학교 심리학자들은 최근 신체적인 가까움이 부부의 일상생활 중 고통 빈도에 얼마나 영향을 주는지 조사했다. 그 결과 친밀감과 접촉은 고통뿐만 아니라 주관적인 통증도 경감시켜 주는 것으로 나타났다.[54] 이 실험에서 과학자들은 사전에 신체 접촉을 더 많이 하거나 적게 할 경우 고통 완화에 영향을 주는지 여부를 알고자 했다.

총 164명의 지원자들이 이 연구에 참여했다. 33일 동안 82커플이 얼마나 자주 접촉했으며 신체적 고통은 얼마나 있었는지 보고했다. 연관관계는 비교적 분명하게 나타났다. 더 자주, 긴밀하게 접촉한 커플들의 경우, 그후 며칠 동안 고통 횟수와 강도가 줄어든 것으로 나타났다. 치유까지는 아니더라도 완화 효과는 며칠 간 지속되었다.

물론 연구는 아주 짧은 기간에 걸쳐 진행되었다. 그렇더라도 가까움이 결여되면 건강에 부정적인 결과가 나타난다는 사실은 널리 알려져 있다. 따라서 서로 아프지 않기 위해서라도 곁에 있는 사람들을 터치하고 안아주는 게 좋다.

섹스와 행복의 함수

섹스와 행복한 관계를 다를 다루는 대다수 연구에서는 남자와 여자가 개인적으로 얼마나 만족하는지를 꼭 묻는다. 커플이 관심의 초점이 되는 경우는 매우 드물다. 얼마 전 인디애나 주 블루밍턴에 위치한 킨제이연구소의 과학자들은 중년 커플의 관계와 성생활 만족도를 조사했다.[55] 독일과 브라질, 일본, 스페인, 미국 등 5개국에서 과학자들은 평균 25년을 함께 살아 서로에 대해 상당한 경험을 갖고 있는 40~70세 커플 200쌍을 찾았다.

총 1,009쌍의 커플을 대상으로 한 조사결과, 남자가 건강하고 자주 섹스를 하며 아내에게 빈번히 다가갔을 때 커플들의 관계 만족도가 높아지는 것으로 나타났다. 오래 지속된 관계일 경우 대다수 여성들은 섹스가 그리 중요하지 않다고 말한다. 하지만 적어도 이 연구에서는 성생활이 원활하고 불평불만이 없을 때 여성들이 관계에 만족하는 것으로 나타났다.

성적인 만족을 위해 애정을 많이 교환하고 자주 가까이 붙어(빨리 사랑이란 부드러운 접촉을 먹고 산다. 그리고 사랑은 눈을 멀게 한다.
이 때문에 사랑에서는 촉각이 아주 중요하다.

_ 익명

섹스를 하기 위한 목적이 아니라) 지낼수록 커플의 관계 만족도는 높았다. 자주 섹스를 하는 것은 여성보다 남성에게 더 중요한 반면, 여성은 '기능성' 성생활을 좋아했다. 다시 말해 여성은 특히 폐경기나 폐경기 후에 나타나는 통증과 증상을 달가워하지 않았다. 관계를 맺는 시간과 만족도는 남녀 모두 정비례했지만 여성은 남성에 비해 시간에 집착하지 않는 것으로 드러났다.

주목할 만한 점은 여자들의 경우 한 남자와 오래 함께 살았을 때 성행위를 더욱 만족스럽게 경험했다.

침대 위의 금기사항

나는 한 번도 토끼를 너만큼 사랑한 적이 없었다.

_ 〈누가 로저 래빗을 모함했나〉 중에서

커플이 수십 년을 함께 하면서, 여전히 흥분되는 섹스를 하는 것은 불가능하다. 그렇더라도 치료라는 관점에서 성생활을 즐겁게 하도록 돕는 권장사항은 있다. 상대방을 얕보는 듯한 말은 도움이 되지 않으니 반드시 피해야 한다. 파트너의 운전 스타일이든 옷이든 행동이든, 삶의 모든 영역에서 이 원칙은 지켜져야 한다.

상대방의 버릇 때문에 계속 화가 나 있는 사람은 근본적인 원인을 찾아내 이를 없애려 노력해야 한다. 그렇지 않으면 쿠르트투 홀스키가 잠언에서 말했던 운명이 그 커플에게 닥칠 것이다. "그 여자는 늦지 않게 그 남자와 헤어졌다. 그가 우스갯소리를 결정적인 뉘앙스로 너무 느리게 말했기 때문이다."

다정한 말은 다정한 접촉과 마찬가지로 유익한 효과를 준다. 쌀쌀맞은 인간관계는 상처만 남긴다. 이 때문에 성적 행위와 이에 관한 파트너의 능력에 대해 부정적인 말을 하는 것은 절대로 삼가야 한다. 매사 상대의 비위에 맞추고, 모든 것을 함께 해야 한다는 뜻은 아니다. 다만 상냥하고 기분 좋은 말을 찾아내는 것이 좋다. 파트너의 성기나 다른 신체 부위의 크기와 모양, 상태에 관해 농담을 하거나 빈정거리는 말도 삼가야 한다.

파트너에게 자신의 성적 환상에 대해 일일이 보고할 필요도 없다. 물론 이 말은 어떤 것이 마음에 들고, 마음에 들지 않는지 말하면 안 된다는 뜻이 아니다. 상대방은 내가 무엇을 좋아하고 싫어하는지 알지 못한다. 게다가 그 어느 것도 강압적으로 이루어져서는 안 된다. 모든 것이 허용되지만, 반드시 해야 할 것은 아무것도 없다는 의미다.

함께 지내는 것이 만족스럽고 충만하다고 느껴질 때, 중요한 성적 규칙이 적용된다. 아무리 친절하고 상냥한 사람도 자신이 경험한 애정에 대해 파트너에게 직설적인 감사 표시를 하지는 않는다. 그것이 멋지고 마음에 들었다는 사실을 사람들은 다른 방식으로 표현한다. 섹스는 사회적 서비스가 아니기 때문이다.

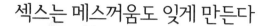

섹스는 메스꺼움도 잊게 만든다

당신의 목욕물을 마시게 해주세요.
언젠가 당신을 문질러 닦을 수 있게 해주세요.

_ 디 필하르모니커(독일 음악 그룹)

지그문트 프로이트가 사랑에 빠진 사람들의 역설적인 행동을 적절하게 요약했다. 여인의 입술에 정열적으로 키스하는 남자는 얼마 후 그녀의 칫솔을 사용하는 것을 메스꺼워한다. 성욕은 인간의 기본 속성 중 하나이다. 그러나 메스꺼움이라는 또 다른 속성으로 인해, 두 사람은 서로에게 방해물이 될 수 있다. 다른 사람과 은밀한 관계를 맺으려는 사람은 당연히 메스꺼움의 한계를 극복해야 한다. 섹스는 청결하지 않고 지저분하며 축축한 체액의 교환 없이는 상상하기 어렵기 때문이다.

여성이 성적으로 흥분하면 메스꺼움의 한계도 그에 맞게 올라간

장 오노레 프라고나르, '훔친 키스'(1778)

서로 사랑하며 은밀한 관계를 맺으려는 남녀는 메스꺼움의 한계를 극복해야 한다.
키스와 섹스는 청결하지 않고 축축한 체액의 교환 없이는 불가능하기 때문이다.

다. 즉 여성들은 평상시 불쾌하다고 느끼던 것들을 역겨움 없이 참아내고 만질 수 있게 된다.[56] 흐로닝언 대학교 과학자들이 매우 독창적인 시험 방법을 이용해 이를 밝혀냈다. 과학자들은 90명의 지원자에게 다양한 영화를 관람하게 했다. 여성 참가자들은 각각 35분 동안 여성 친화적인 에로틱한 영화, 혹은 혈액에서 아드레날린을 증가시키지만 성적으로 매력적이지 않은 등산 또는 스카이다이버에 관한 스포츠 영화를 보았다. 세 번째 그룹은 감정이 개입되지 않은, 풍경 사진으로 구성된 기차여행 관련 영화를 보았다. 참가자들은 영화가 자신들을 얼마나 자주 흥분시키고 성적으로 자극시켰는지 말했다.

그 다음 그들은 다양한 과제를 받았다. 예를 들어 곤충 한 마리가 떠 있는 찻잔의 차를 마시거나 심하게 오염된 수건으로 손을 닦아야 했다. 그런데 이들이 모르는 사실이 있었다. 곤충은 플라스틱으로 만들었고, 손수건은 미리 잉크로 얼룩을 만들어 외관상으로만 더럽게 보였다. 또 다른 과제는 윤활제를 바이브레이터에 바르는 것이었다. 물론 여성들은 이 과제를 거절할 수 있었다.

에로틱한 영화를 통해 사전에 성적으로 자극받은 여성 참가자들은 스포츠 비디오를 통해 아드레날린으로 자극받거나 기차여행에 관한 영화를 보았던 여성들보다 이후 행동과제에 대해 훨씬 덜 메스꺼워했다. "성적인 자극이 본능적인 메스꺼운 느낌을 줄여준다"는 것이 연구자들의 결론이었다.

연구를 주도한 흐로닝언 대학교 여성 심리학자 샤르메인 보르이 Charmaine Borg는 "일반적으로 섹스와 연관된 자극은 매우 혐오스러운 것으로 인지된다"고 말한다. "침과 땀, 정액, 체취는 가장 강하게 메스꺼움을 일으키는 물질에 속한다. 이 때문에 사람들이 어떻게 섹스를 즐길 수 있는가라는 매혹적인 질문이 제기된다." 왜냐하면 몸이 땀으로 끈적끈적해지고, 축축한 체액을 교환하고, 서로 만지며 키스하고 쓰다듬는 것은 성생활을 하는 데 필요한 행위이기 때문이다. 분명 성적 자극은 방해요소를 현격히 약화시킨다. 그래서 평소라면 매우 혐오스러웠을 자극에 몸을 맡기는 것이 더 이상 문제가 되지 않는다.

이와 달리 오랫동안 관계를 유지해온 한 여성이 파트너에 대해 더 이상 성욕을 느끼지 않고 그를 만지는 것을 메스꺼워하며 혐오감을 느낀다면 이는 관계가 악화됐다는 것을 말한다.

참고로 메스꺼움과 관련해서는 남성들도 비슷한 반응을 보인다.[57] 그리고 남자들 역시 성적으로 흥분하면 메스꺼움이라는 방해 요소에 매우 잘 대처한다. 그리하여 사용한 콘돔을 만지는 것도 큰 문제가 되지 않는다.

접촉의 치유력

의학에서는 접촉의 유익한 효과가 오랫동안 과소평가되었다. 의사와 간호사가 환자와 신체를 접촉하지 않도록 엄격히 제한하던 시기도 있었다. 접촉이 잠재적인 감염원이나 전염 위험요소로 간주되었기 때문이다.

그러는 사이 기분 좋게 만져주는 것이 얼마나 긍정적이고 치료에 효력이 있는지를 보여주는 연구가 몇 차례 시도되었다. 예를 들어 예정일보다 일찍 태어난 쌍둥이는 인큐베이터에서 서로 만지고 껴안을 수 있을 때, 발육이 더 좋아지며 기관도 더 빨리 성숙된다. 환자들이 접촉받고 있다는 느낌에 빠질 때 부상이나 질병 치료 과정에서 더 빨리 회복된다.

사람들에게 마사지를 해주거나 물리치료를 하는 사람은 접촉이 얼마나 큰 도움이 되고, 치유력이 있는지를 매일매일 경험한다. 이미 잘 알려진 사실만 보더라도 마사지와 물리치료는 긴장을 풀어주고 경직을 완화하며, 약해지고 병든 근육과 인대, 힘줄을 튼튼하게 만들

> 치유란 다른 모든 것이 인간을 떠받치는 것을 그만둘 때
> 인간이 자신을 떠받치는 경험을 하는 것이다.
>
> _ 볼프람 폰 에셴바흐

어준다.

많은 사람들은 정성스레 만져주면 자연스럽게 눈물을 터뜨린다. 우리의 내면은 때로 외부 접촉으로 감동을 받기 때문이다. 이런 맥락에서 경련을 일으키고 기분이 나쁘며 정신적 외상을 입은 환자들을 위한 체조와 물리치료는 회복의 성패를 판가름하는 중요한 열쇠가 되기도 한다. 의료활동에 종사하거나 감정이입 능력이 있는 사람들은 진심에서 우러나온 포옹 혹은 상대를 격려하기 위해 어깨에 손을 올리는 행위가 지닌 치유능력을 잘 알고 있다. 그것은 비전秘傳과는 아무런 관계가 없다. 오히려 적절한 시기의 올바른 접촉이 얼마나 유익한지, 또 접촉이 가까움을 만들어내 육체와 정신이 하나의 단위로 묶이도록 해준다는 사실은 이미 과학적으로 입증되었다.

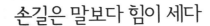

손길은 말보다 힘이 세다

여성의 입술은 이미 많은 질병을 치료했다.

_ 익명

애정을 듬뿍 담아 접촉하면 유기체에서는 어떤 일이 일어날까? 사랑으로 가득 찬 접촉은 신체 건강에 어떤 영향을 미칠까? 일본의 과학자들이 이 문제를 자세하게 연구했다. 일본 과학자들은 자발적으로 이 연구에 참가한 커플들에게 키스를 하고 포옹을 하며 함께 있게 했다. 또 그들에게 주관적인 건강 상태에 대해 질문을 하면서, 추가로 실험대상자들의 혈액 속 다양한 단백질을 측정했다.[58]

연구자들은 참가자들이 키스를 하고 서로 쓰다듬었을 때 큰 만족감을 느끼고 침착해졌으며 긴장이 완화되었다는 사실에 별로 놀라지 않았다. 쓰다듬기를 반복했더니 혈액 속 다양한 단백질도 증가했다.

이 중에는 알부민과 베타2-마이크로 글로블린이 있었다. 둘 다 면역 체계를 강화하는 물질이다. 이와 달리 커플들이 불안하고 당혹감을 느끼면 이런 단백질의 농도도 낮아졌다. 연구자들은 이런 사실을 통해 키스와 애정이 신체를 강화하고 방어력을 높여 전체적으로 건강을 증진시키는 동시에 스트레스도 빨리 해소시킨다고 말한다.

취리히의 과학자들이 또 다른 연구에서 이러한 결과를 입증했다. 스위스 심리학자와 정신과의사들은 부부 간의 키스와 애정 행위가 직업 때문에 신체에 생기는 스트레스의 생물학적 흔적을 줄이는 데 도움을 주었다는 사실을 관찰했다.[59] 이를 위해 파트너 두 명 모두 직장생활을 하는 커플들을 조사했다. 참가자들은 자신이 키스와 애정 행위를 하는 데 얼마나 많은 시간을 보냈으며, 자신들의 감정생활을 어떻게 평가하는지, 일을 할 때는 어떤 상대이고 직장과 가정과 파트너 관계에서 오는 여러 가지 스트레스를 어떻게 극복했는지 이야기했다. 또 참가자들을 상대로 일주일 동안 3시간 간격으로 타액에서 스트레스 호르몬인 코르티솔 농도를 측정했다. 코르티솔은 아드레날린보다도 중요한 스트레스 지표이다.

파트너끼리 자주 키스를 하고 애정 행위를 했을 때 타액의 코르티솔 농도가 감소했다. 이는 직업에서 생긴 문제와 불만을 하소연했던 커플들에게도 마찬가지로 적용되었다. 연구자들은 "성적인 행위의 교환은 일로 인한 스트레스로 생기는 코르티솔 상승을 완화시킬 수 있다"라고 기술하고 있다. "행복한 파트너 관계는 매우 건강한 것으로, 스트레스의 부정적인 영향을 막아주는 최고의 보호장치다."

또 다른 연구에서 스위스 학자들은 커플 관계가 신체의 스트레스 체험과 반응에 어떤 영향을 미치는지 조사했다.[60] 이 연구를 위해 12개월 이상 파트너와 살고 있는 20~37세의 여성들을 세 그룹으로 나누었다. 한 그룹은 스트레스 테스트 전에 파트너를 전혀 보지 못했다. 두 번째 그룹은 테스트 직전에 파트너들로부터 말로 응원을 들었다. 즉 그들은 파트너와 기분 좋게 대화를 할 수 있었다. 마지막 세 번째 그룹은 목과 어깨 주위를 다정하게 마사지하는 형태로 약 10분간 신체 접촉을 했다. 그 다음 스트레스 테스트를 시작했다.

사전에 몇 분 동안이라도 파트너와 접촉했던 사람은 스트레스 단계에서 타액의 코르티솔이 눈에 띄게 적었다. 이런 여성들은 심장박동이 심하게 증가하지 않았다. 이와 달리 그냥 말로 하는 응원은 신체가 스트레스를 막아내는 데 별 도움을 주지 못했다. 이들 실험대상자는 혈액 속 경보 분자와 맥박이 파트너를 미리 보지도 못하고 만지지도 못했으며 이야기도 나누지 못한 여성들만큼 높아졌다. 따라서 대화하는 것만으로는 그리 도움이 되지 않는다. 때로 사람들은 단순히 건강을 위해서라도 서로 꼭 껴안고 키스하는 것이 좋다.

의사가 환자를 어루만지는 법

어떤 의사가 훌륭한지 아닌지는
그가 나를 만지고 진찰하며 움켜쥐는 손길에서 드러난다.

_ 클라우스 R. (의사)

"그는 나를 아주 잘 만져준다"라고 78살 여성이 자신의 주치의에 대해 말했다. 어떤 환자도 의사에게 이보다 더 멋진 찬사를 보낼 수는 없다. 이 나이 든 여성은 넘어지면서 팔 아랫부분이 부러졌다. 외과의사 베른트 혼치크가 이 여성을 진료한 뒤 나사 2개로 뼈를 고정시켰다. 지금 이 여성은 뼈를 고정했던 금속을 제거하기 위해 다시 혼치크가 근무하는 프랑크푸르트 병원에 왔다. 훌륭한 의사는 환자의 어느 부분이 좋지 않은지를 찾아내기 위해 환자를 만져보고 맥박을 측정하며 복부를 촉진하고 흉곽을 두드려본다. 의사는 청진기로 환자를 진찰하고 장이나 간 가장자리가 딱딱하다는 사실을 통해 귀중한 정보를 얻어낸다. 이 때문에 노련한 의사들은 기술적인 보조장비를 사용하지 않고도 진단의 90퍼센트를 할 수 있다고 확신한다.

상세한 문진(병력)과 손을 이용한 철저한 진찰만으로 환자에 대해 많은 것을 알 수 있기 때문에 의사는 증상에 대해 혼자 힘으로도 설명할 수 있다. 또 많은 환자들에게는 의사가 환자를 만지는 방법이 의사로서의 자질을 평가하는 데 중요한 기준이 된다. 적당한 압력(너무 주저하거나 불안해하지는 않으며 그렇다고 너무 거칠지도 않은)은 의사가 어떤 목적으로 무엇을 하고 있으며, 어디를 어떻게 잡아야 하는지 알고 있다는 느낌만큼이나 중요하다. 어떤 부위가 아프면 확실하게 통증을 느끼게 하고, 그 위치를 알아낼 수 있어야 한다.

베른트 혼치크는 이 여성 환자의 칭찬을 듣고는 웃었다. 그 뒤 그가 놀라운 말을 했다. "그때 나는 전혀 그 환자를 만지지 않았어요!" 그럼에도 불구하고 그는 이 고령의 여성 환자가 왜 "잘 만져주었다"라고 느꼈는지, 그 이유를 알고 있었다. 이 여성이 사고 후 병원에 도착했을 때 그녀는 제정신이 아니었다. 팔이 부러져서 도저히 혼자 식사를 할 수 없었기 때문에 그녀는 울고 있었다. 그녀는 혼자 살았고 친척은 멀리 있었다. 그래서 그들에게는 아무런 도움도 기대할 수 없었다. 그녀가 지금까지 생활하던 모든 상황이 문제가 되었다. 그녀는 집에서 혼자 힘으로 생활할 수 있을지, 또 일상적인 문제를 어떻게 해결해야 할지 전혀 몰랐다.

혼치크는 팔을 치료해주는 동안 그녀의 두려움과 걱정에 많은 관심을 기울였다. 마음을 진정시킬 수 있도록 달래주었고, 그녀가 부상을 입어 생활에 제약을 받기는 하더라도 사회복지 시스템의 도움을 받아 지금처럼 계속 생활할 수 있도록 해결책을 찾아주었다. 가장 분명한 방식으로 그는 치료를 하면서 이 여성을 계속 만지고 위로해주며 용기를 주었다. 자신을 위해 이처럼 세심하게 신경을 써준 의사에게 감동을 받았기에, 그녀는 의사가 자신을 잘 만져주었다고 믿게 된 것이리라.

마사지, 압력의 강도가 성패를 좌우한다

너희들은 행복하고 즐겁구나. 농담이 어떻게 너희에게
상처를 입힐 수 있을까!
그러나 아픈 사람에게는 가벼운 접촉조차 고통스럽다.

_ 요한 볼프강 폰 괴테

어떤 마사지는 너무 강해서 나중에 근육통을 남기거나 흠씬 두들
겨 맞았다는 생각이 들 정도다. 이와 반대로 어떤 마사지는 너무 부
드러워 쓰다듬는 것과 혼동할 정도다. 각각의 필요에 따라 분명히 적
당한 강도가 있다.

물론 의학적인 결과는 다르다. 이런 결과는 치료를 받은 근육에
서 발생하는 반응만을 말하는 게 아니다. 미국 과학자들의 연구를 통
해 강한 압력은 오히려 부교감신경계를 활성화시킨다는 사실이 밝혀
졌다.[61] 15분 간 마사지를 받은 후에 맥박수 변이도가 줄어들었는데,
이는 미주신경의 긴장도가 올라간 징후다. 미주신경은 부교감신경의

주신경섬유 다발이다. 미주신경은 긴장을 풀어주고 마음을 진정시키며 때로 소화기관이 매우 바쁘게 움직여 꼬르륵 소리를 내도록 한다.

한편 이 실험에서는 압력의 강도가 주요 변수임이 드러났다. 가벼운 접촉보다는 적당한 압력으로 주무를 때 심신의 진정효과가 컸다.

마사지는 성인뿐만 아니라 아이들에게도 유익하다. 아이들의 여러 신체 부위를 정성껏 마사지해주면 성장을 촉진하고 발육 상태도 개선된다. 물론 여기서도 올바른 압력 강도가 중요하다. 적당히 강한 압력은 아이들에게 긍정적인 영향을 준다. 이렇게 적정한 압력은 가벼운 압력보다 훨씬 더 도움이 된다.[62] 아마 이런 효과는 접촉 때 미주신경의 활성화에 기여하는, 압력에 민감한 특별한 수용체를 통해 전달되는 듯하다.

정신이 맑아지는 얼굴 마사지

당신은 항상 그녀만을 생각해야 하고, 그것이 당신을 괴롭힙니다.
그러나 그 후에 당신은 아내의 머리카락을 쓰다듬고,
그녀는 질문을 하듯이 당신을 바라봅니다.

_ 우도 위르겐스의 노래 '가비가 공원에서 기다린다'

활기를 불어넣든 아니면 긴장을 풀어주든 올바른 압력은, 마사지를 어떻게 경험하는가에 결정적인 역할을 한다. 어디서 누구에게 마사지를 받는지도 중요하다. 얼굴 마사지도 긴장을 풀어주기는 한다. 하지만 많은 경우 얼굴은 특히 민감하기 때문에 뺨과 이마, 턱, 코를 접촉하는 것은 사람을 생기 넘치게 만들며, 교감신경의 '흥분한' 신경계를 활성화시킨다.

일본 후쿠오카 출신 연구자 그룹은 45분 간의 얼굴 마사지가 여성의 자율신경계에 어떤 영향을 미치는지 연구했다. 그 결과 놀라운 사실이 밝혀졌다. 심리 테스트와 설문지를 이용해 여성 참가자들을 조사한 결과, 얼굴 마사지를 받은 여성들은 두려움을 덜 느끼고 목소리도 좋아졌다.[63] 동시에 교감신경의 신경계가 활성화되었다. 따라서 얼굴을 접촉하는 것은 한편으로는 심리적 긴장을 완화해주며 다른 한편으로는 활기와 활력을 증진시키는 효과를 보였다.

등과 복부, 다리 마사지가 마음을 진정시켜 주는 원리에 대한 진화론적·생물학적 설명이 있지만, 이것은 얼굴에 대해서는 적용되지 않는다. 얼굴을 접촉하면 오히려 정신이 생생해진다. 그 이유는 아마 달갑잖은 놀라움에 대한 방어기제 때문인 것 같다. 다른 사람의 손이 얼굴을 만지면 눈은 감기고 코와 입 역시 얼른 다물어진다. 그렇지 않으면 부상을 입을 수 있기 때문이다. 경보 발령 상태가 절대로 완전하게 꺼지지 않는다. 그러니까 부드러운 접촉을 받으며 잠이 드는 것이 아니라 오히려 정신을 집중한다는 것을 의미한다.

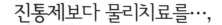

진통제보다 물리치료를…,

우리는 사랑에 빠진 것과 비슷한 신체의 느낌을 만들어내고 싶다.
사랑하고 사랑받는 것은 육체와 정신을 조화시키는 데 도움을 주기
때문이다. 즉 육체 근육의 경직이 풀리고,
에너지는 조화를 이루며 흐른다.
_ 이티부아카요른(베를린 호텔 드 롬의 스파 치료전문가)

마사지는 긴장을 완화시키고 경직을 풀어줄 뿐 아니라 온갖 고통
을 막아주는 효과적인 수단이다. 마사지가 어떻게 통증 지각을 낮추
는지를 연구하기 위해 아이오와 대학교 연구자와 심리치료사들은 정
신적 부담 완화에 관한 수많은 주관적인 보고서를 객관적이고 과학
적인 데이터와 비교했다.

이를 위해 지원자들에게 인위적으로 유발된 압통을 참아내게 한
뒤 그들을 전혀 만지지 않거나, 가벼운 혹은 적당한 압력을 가하는
마사지를 통해 치료했다. 압통을 가한 부위는 손목 관절이었다. 다른
한편으로 압통을 가한 환자 중 일부는 마사지를 통해 즉시 통증에 대

한 조치를 취했으며, 다른 일부는 48시간이 지난 뒤 마사지를 했다. 즉각 마사지 치료를 받은 경우, 통증 지각이 48퍼센트가량 감소했다. 48시간 후에 마사지를 받은 사람들 역시 27퍼센트 정도 통증이 완화되었다.[64]

이를 통해 과학자들은 마사지가 통증 완화에 기여한다는 명백한 증거를 확보했다. 더불어 통증을 유발하는 사건이 일어난 후 적어도 이틀 안에는 효과적인 치료가 가능하다는 사실을 밝혀냈다. 아이오와 대학교 연구팀은 곧바로 진통제를 처방하지 말고 자주 물리치료를 하라고 의사들에게 당부하고 있다.

명의, 손가락으로 몸 속을 보다

나는 생각하고 비교한다.
느끼는 눈으로 보고, 보는 손으로 느끼면서.

_ 요한 볼프강 폰 괴테

한스-빌헬름 뮐러-볼파르트는 1977년부터 프로축구팀 바이에른 뮌헨의 닥터를 맡고 있다. 1995년 '물'은 축구 국가대표팀도 맡게 되었다. '물'은 대부분의 운동선수들이 그를 부를 때 사용하는 이름이다. 1942년생인 그는 지금도 이 두 가지 임무를 수행한다. 그의 환자들이 그에게서 받은 치료, 특히 그의 손이 갖고 있는 특별한 감정이입 능력에 대해서는 더 이상 설명이 필요 없다. 보리스 베커는 뮐러-볼파르트를 '영혼의 욕조'라고 불렀고, 로타르 마테우스는 '레이더 손가락'이라고 표현했다. 2012년 여름, 동료인 디르크 셴레베와 나는 잡지 〈SZ〉을 위해 이 스포츠 의학자를 인터뷰했다.[65] 대부분의 인용

문은 이 대화에서 나온 것이다.

축구 경기를 중계할 때 독일 선수가 부상당하면 밀러-볼파르트가 전력으로 질주해 선수에게 달려가는 장면을 항상 본다. 그는 70세가 넘은 고령에도 불구하고 놀라울 정도로 빨리 달린다. 젊은 시절 10종 경기 선수였던 그는 100미터를 11초에 달릴 수 있었다. 물론 사람들은 경기장에서 그가 자신에게 주어진 몇 초 안에 어떤 방법으로 진단을 내리는지 보지 못한다. 짧은 시간 안에 그는 선수가 계속 경기를 뛸 수 있는지 아니면 교체해야 하는지 결정을 내려야 한다.

이에 대해 밀러-볼파르트에게 질문한 나는 그의 진찰 방법이 너무 간단하다는 사실에 놀랐다. "나는 손가락 한두 개로 선수를 만지면서 그의 근육 긴장 상태를 느껴본다"라고 그는 말한다. "그 다음 근육에 손을 대고 위에서 아래로, 아래에서 위로 움직인다. 그 다음에는 옆으로 손가락을 민다. 아주 천천히. 그러면 선수는 더 아픈 곳을 내게 말한다. 나는 그 중심을 동그라미를 그려 표시한 뒤 최고로 집중해 그 부위를 만진다. 말하자면 내가 근육 속으로 들어간다. 해부학적 구조를 잘 알기 때문에 나는 문제가 있는지 없는지 찾아낼 수 있다."

근육 안으로 "들어간다." 참으로 아름다운 표현이지 않은가. 그렇다면 밀러-볼파르트처럼 근육 조직의 해부학적 상태를 속속들이 알고 있으며 부상당하지 않은 근육은 어떤 느낌인지 수천 번 진단해

본 사람이라면 언제 어디서든 정상과 비정상을 구별할 수 있을까. 뮐러-볼파르트는 "나는 그런 느낌을 머리에 저장해놓았다"고 말한다. "거의 3만 5,000번이나 되는 근육 부상을 진단해 머리에 저장해놓았다. 이런 저장 이미지를 언제든지 불러올 수 있다."

그는 선수가 고통으로 얼굴이 일그러진 채 바닥에 몸을 웅크리고 있을 때, 이것이 염좌 때문인지 열상 때문인지 아니면 인대 파열 때문인지 100미터 거리에서도 진단을 내릴 수 있다. 또는 "근육이 경직돼 말을 듣지 않는다"고 진단할 수도 있다. 오늘날의 기술 의존적인 의학에서는 즉시 엑스레이나 핵 스핀, 초음파를 사용해 진단하지만 뮐러-볼파르트는 전적으로 자신의 느낌을 믿는다. 그는 "처음에 손가락을 갖다 대면 금방 안다. 근육 긴장도가 정상인지, 정상 범위가 아닌지"라고 말한다. 그는 그 차이를 어떻게 지각하는지에 대해 이렇게 설명한다. "근육 표면은 거울처럼 매끄럽고 미세하게 얇은 근막으로 둘러싸여 있다. 나는 그 막을 문지른다. 끊긴 곳이 느껴지면 이는 근섬유나 인대가 파열된 것이다. 끊긴 곳은 없지만 근육이 매우 긴장해 있고 통증을 느낀다면 근육 경직이다. 이럴 때 계속 하중을 가하면 다칠 위험이 높다. 비전문가는 이해하기 힘들겠지만, 근육에서 액체 혹은 '비누 같은' 질감이 느껴지거나 근막과 근육 사이에 1~2밀리미터 두께의 쿠션이 있는 듯한 느낌이 들 때가 있다. 근육이 가볍게 부어오른 것으로, 신경 분포에 장애가 있다는 신호이다. 그러면 아주 사소한 근육 긴장조차 좋지 않은 결과를 초래한다."

사람들은 이 스포츠 의학자의 답변을 눈앞에서 보듯이 머릿속에 그려보아야 한다. 그는 근육 속으로 "들어가고" 다리를 만지면서 "눈으로 본다." 이런 어휘 선택으로 미루어, 어디가 아픈지를 찾아내기 위한 의학적 지식과 오랜 경험이 진찰 과정에서 하나로 합쳐진다는 사실을 이해할 수 있다. "물론, 나는 손가락으로 본다. 나는 환자들에게 때로 그렇게 설명한다. 이는 당신이 해부학 책을 펼치는 것과 같다. 나는 근육이 따로따로, 또는 겹쳐지거나 나란히 있는 것을 '봅니다'라고. 어떤 근육이 문제이고, 그 근육이 어떤 기능을 하며, 그 근육이 특히 부상을 입기 쉬운지 또는 많이 사용하지 않는 근육인지 알고 있어야 한다. 판단을 하려면 다른 정보도 필요하다. 예를 들어 그 선수가 어떻게 넘어졌고, 어떤 상황에서 부상을 당했는지?"

의사들이 손으로 진찰할 때 그냥 가볍게 쓰다듬는다고 생각한다면 이는 잘못이다. 뮐러-볼파르트는 "손가락이 이미 피로현상을 보이고 있다"고 말했다. "손가락이 가장 어려운 일을 하는 것이다. 손가락으로 보면 거의 모든 것을 알 수 있다. 때로 나는 세게 눌러 더 깊은 근육층을 촉진해야 한다." 바이에른 닥터가 손가락으로 '보는' 이 능력을 어떻게 갖게 되었는지는 모른다. 그는 그저 "그런 능력을 습득했다"고 말한다. "매일 연습, 연습, 또 연습을 해서 얻은 능력이다. 피아니스트나 바이올리니스트처럼. 끝없는 연습을 통해 일정한 수준에 도달했다."

이것은 매우 어려운 일처럼 들린다. 실제 그럴 것이다. 밀러-볼파르트는 "나는 환자가 등 통증이 있든 무릎 통증이 있든 모든 환자를 오직 촉진을 통해서만 진찰한다"고 말한다. "그런 뒤 피부와 피하지방, 근막, 근육, 관절포 및 인대의 조직 형태를 기록한다." 대부분의 동료 의사들도 말할 것이다. 나도 진찰하고 촉진을 한다고! 그러나 이를 위해서는 시간이 많이 들고 집중해야 한다. 근육을 밀리미터 단위로 촉진하는 사람은 적지 않은 시간을 필요로 한다. 물론 그런 의사에게는 직관과 몰두, 접촉을 통해 얻는 기쁨 같은 것이 필요하다. 놀랍게도 접촉을 통한 정확한 진단은 수십 년 후에도 여전히 도전과제로 남아 있을 것이다. 밀러-볼파르트는 "내가 12일 동안 휴가를 다녀오면 복귀한 첫날은 촉진 감각을 회복하기 위해 더 집중해야만 한다"고 털어놓는다.

환자들도 의사가 자신들을 만질 때 얼마나 몰두하고 집중하는지 안다. 밀러-볼파르트는 "나는 환자에게 자기 의견을 표현할 시간을 준다. 그러면 환자들은 속마음을 털어놓기 시작한다. 그것은 마치 가슴이 열리고, 모든 것이 쏟아져 나오는 것과 같다. 환자는 내 앞에서 말하기 힘들었던 자기 속마음을 털어놓는다"라고 말한다. "그 다음 진찰을 한다. 모든 환자는 속옷까지 벗어야 한다. 그런 후 전신 진단을 하면서 접촉을 하게 된다. 이 때 환자는 내가 진찰하고 있다는 사실을 정확히 느낀다. 피상적으로 등 위를 왔다갔다 하는 것이 아니다. 그것이 환자와 의사 간의 관계에 큰 도움이 된다. 의사는 환자의 신뢰를 얻고, 의사와 환자 사이의 거리감은 사라진다."

내 마음을 만져줄 의사는 어디에…

인생은 겉으로는 잔잔한 것처럼 보이지만
그 밑에는 수많은 일들이 충돌하며 휘몰아치고 있다.

_ 로베르트 무질

사람들 중 절반 가까이는 기질적으로 설명되지 않는 통증 때문에 병원을 찾는다. 그러나 대부분의 의사들은 그 배후에 숨겨진 심리적인 문제를 간과하거나 무시한다. 심리적 고뇌가 육체에도 분명한 흔적을 남긴다는 사실은 이미 오래 전에 입증되었다. 이런 사실을 통해 의사와 환자 모두 배울 것이 있다. 의사는 환자들을 더 많이 이해해야 하며, 환자들은 용기를 내 자신의 말을 의사들이 경청하도록 해야 한다.

많은 환자들은 의사들이 환자를 제대로 이해하지 못한다고 느낀다. 설문조사에서 환자의 약 절반이 의학적인 치료는 좋지만 의사와의 대화에는 만족하지 못한다고 말한다. 그들은 컨베이어벨트 식의 의료와 원래의 걱정거리를 인식하지 못하는 의사들에 불만을 털어놓는다. 환자들은 다른 병원을 찾아가지만 그래도 여전히 이해받지 못한다고 느낀다.

이러한 불만은 기질적인 원인을 찾을 수 없는 통증에서 특히 자주 나타난다. 환자들은 복통과 심장 통증, 등 통증, 두통을 가장 빈번하게 호소한다. 많은 사람들은 원인 불명의 피로와 현기증, 만성 하복부 통증, 갑작스러운 호흡 곤란이나 목의 갑갑함을 호소한다. 이 모든 증상에는 한 가지 공통점이 있다. 특별한 소견이 없는 증상이라는 것.

설문조사와 연구를 통해 사람들의 90퍼센트가 일주일 이내에 적어도 한 번은 뚜렷한 통증이나 다른 이상 증상을 겪는다는 사실을 의학자들은 알고 있다. 이런 사실은 수입이나 교육 정도와 상관없이 세계적으로 적용된다. 뮌헨 기술대학교 심신의학 수석의사인 페터 헤닝젠은 "이런 증상은 정상이다. 건강의 일부라고 할 수 있다"고 말한다. "누구나 이런 사실을 알고 있으며, 대부분 이런 증상은 금세 사라지기 때문에 치료할 필요가 없다."

그러나 통증이 계속되는 것에 불안을 느껴 의사를 찾는 사람들이 있다. 또 어떤 사람들은 '원인이 확실하지 않은' 이런 증상이 자주 나타나서 응급실을 찾기도 한다. 가정의를 찾는 환자의 40퍼센트가 소위 이런 신체형 장애를 앓고 있다. 신체적인 증상이 나타나지만 원인을 찾을 수 없는 병. 의료 분야에 따라 환자의 50퍼센트가 전문의들에게 이런 증상을 호소한다. 신경과 전문의와 위장병 전문의들은 두통과 현기증, 과민성 대장증후군이나 위경련 환자들을 진단하면서 정확한 원인을 찾지 못하는 경우가 특히 많다.

환자들의 많은 신체 증상은 기질적으로 설명되지 않는다. 런던의 심리학자와 정신과 의사들의 연구를 통해 병원을 자주 찾는 환자들에게 특히 어떤 증상이 빈번하게 나타나는지가 밝혀졌다.[66] 연구에 따르면 이 환자들은 복통과 배변 횟수의 변화를 가장 빈번하게 호소한다. 그 다음은 흉부 통증이나 심장 통증, 등 통증이다. 일반적인 피로와 마찬가지로 두통과 현기증도 매우 빈번하다.

의학자들은 이런 장애에 대해 많은 명칭을 붙였다. 때로는 이런 증상을 기능성, 특발성 장애라고 부르고 때로는 신체형이나 심신장애라고 부른다. 그 명칭이 무엇이든 이유를 정확히 모른다고 말하는 것보다는 좋아 보인다. 많은 환자들은 자기 문제를 설명할 수 없다는 말을 들으면 난처해한다. 심신의학 전문의 헤닝젠은 "아픈 것을 항상 당당하게 말하라"고 조언한다. "왜냐하면 많은 환자와 의사들 눈에는 육체적인 통증만이 정당한 증상이기 때문이다."

많은 경우 육체적 증상은 정신적 고통의 결과물이다. 그럼에도 우리는 육체가 정신의 보호막이자 거처이며, 휴식과 만족감을 제공하는 토대라는 사실을 거의 의식하지 못한다. 그래서 계속 건강이 좋지 않다는 느낌이 들 때 우리는 전문가로부터 몸의 어디가 아픈지 정확히 확인받고 싶어한다. 사람들이 자신을 꾀병 앓은 사람이나 약골로 보지는 않을까 걱정하면서.

이제부터라도 우리는 병원에서 마주앉은 의사에게 어디가 어떻게 아픈지, 현재 심리적인 상태는 어떤지 상세하게 말해야 한다. 그래야만 자신을 제대로 만져주는 의사를 만날 수 있다.

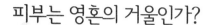

피부는 영혼의 거울인가?

세월이 흐르면 피부에 주름이 생기고,
열정을 포기하면 영혼에 주름이 생긴다.

_ 알베르트 슈바이처

피부는 매우 민감할 뿐만 아니라 그 면적이 2제곱미터로 신체에서 가장 큰 기관이다. 피부는 외부와 내부의 영향에 아주 민감하게 반응한다. 피부에는 100만개 이상의 촉각기관이 있고, 그만큼 많은 수의 자율신경 종말이 있는데, 이 자율신경 종말이 자극을 기록하고 전달한다. 피부는 거대한 안테나이다. 또 많은 감각이 피부를 통해 나타난다. 인간의 경우 얼굴이 붉어지거나 창백해지는 것 외에 머리카락을 곤두서게 하는, 진화론적으로 형성된 근육 기능도 한다. 심리적인 문제가 피부를 공격할 수 있다는 것은 피부의 민감한 장비를 볼 때 놀라운 일이 아니다.

하노버 의학전문대학의 심신의학자이자 피부병 전문가인 게르하르트 슈미트-오트는 "피부는 영혼의 거울이라는 그럴 듯한 이미지를 거부한다"고 말한다. 병든 피부는 병든 영혼과 동일한 의미가 아니다. 이는 당사자들에게 더 심한 오명을 씌울 뿐이다. 그렇지 않아도 피부병은 더럽고, 전염성이 있는 것으로 여겨졌다. 마른버짐이 있는 환자를 수영장에서 내보낼 수 있도록 규정한 독일 목욕규칙은 2006년 독일 건선협회의 발의에 따라 변경되었다. 슈미트-오트는 "피부질환이 영혼에 상처를 줄 수 있다"고 말한다. "물론 누군가 놀라서 얼굴이 창백해지고, 분노로 얼굴이 붉어지거나 머리카락이 곤두설 때, 이럴 때는 피부가 영혼의 거울이라는 것을 보여준다."

슈미트-오트 팀은 피부병이 많은 사람들은 스트레스 때문에 악화된다는 사실을 밝혀냈다. 그러나 이 말이 모든 사람들에게 해당되지는 않는다. 피부과 전문의이자 함부르크 대학병원의 삶의질연구소 교수인 마티아스 아우구스틴은 "피부 질환은 유발될 수 있다"고 말한다. 연구자들은 신경성 피부염 환자들이 스트레스를 받도록 했다. 참가자들은 청중 앞에서 가상 인터뷰를 해야 했다. 또 그들은 네 자리 숫자들을 큰 숫자부터 작은 숫자로 세어야 했다. 연구책임자는 그들을 몰아붙였다. "더 빨리, 더 빨리!"

잠시 후 실험대상자들을 상대로 다시 검사를 했다. 신경성 피부염 환자들은 스트레스에 민감하게 반응했다. 심리적 스트레스를 받고 10분이 지나자 혈액 속에서 염증세포가 더 활성화되었다. 아우구스틴은 "스트레스에 대한 염증 반응이 피부 문제가 없는 환자들보다 신경성 피부염 환자에게서 더 강하게 나타난다는 것은 주목할 만하다"고 말한다. 그러나 놀랍게도 이 질병으로 인해 접촉 지각에 대한 민감도도 상승한다. 스웨덴의 연구자들은 이를 자세히 연구해, 피부병 환자들이 피부가 건강한 사람보다 피부에서 두 지점 간의 거리를 더 잘 식별할 수 있다는 사실을 확인했다.[67] 소위 2점 식별이 피부병 환자들에게서는 훌륭하게 기능한다.

스톡홀름의 카롤린스카 병원 팀은 신경성 피부염 환자 20명과 건강한 실험대상자 20명을 비교하기 위해 히스타민 주사 2개씩을 사용해 팔 아래쪽에서 가려움을 유발시켰다. 비교 대조를 하기 위해서는 식염수를 주사했다. 히스타민은 알레르기의 경우 가려움증과 두드러기를 유발하는 물질이다.

연구팀은 두 점 사이 거리를 느낄 때까지 간격을 센티미터 단위로 줄여갔다. 실험결과 어느 방향으로 찌르든, 또 히스타민 주입 여부에 관계없이 신경성 피부염 환자들에게서 더 큰 민감도가 나타났다. 그들은 두 점 사이의 간격을 정확하게 인지했고, 뛰어난 식별 능력을 갖고 있었다.

주사가 덜 아플 때

말을 많이 하는 사람은 거의 하는 일이 없다. 명심하라,
우리에게는 혀가 아니라 손이 필요하다!

_ 윌리엄 셰익스피어

　힘든 상황에 직면한 사람은 가까운 이가 손을 잡은 채 별 다른 말 없이 "내가 너를 지켜줄 거야, 너에게는 아무 일노 일어나지 않을 기야"라고만 해도 큰 위안을 얻는다. 특히 시험 전이나 불쾌한 대화를 앞두고 있을 때, 누군가 내 손을 잡아준다면 큰 도움이 된다. 나아가 손을 잡는 행위는 의사에게 주사를 맞거나 끔찍한 꾸지람을 듣는 것을 잘 참을 수 있게 도와주기도 한다. 오디션에 참가한 지원자들도 방청객의 표결이나 심사위원의 평가를 잘 참아내기 위해 팔짱을 끼거나 서로 손을 잡는다.

　아이가 의사에게 치료를 받을 때 주의를 다른 곳으로 돌리게 하거나 위로하려면 손을 잡아주는 게 가장 좋다. 클리브랜드와 뉴저지 소아과 의사들은 연구를 통해 신생아를 어머니의 배 위에 올려놓고 꼭 껴안고 있을 때 발꿈치에서 채혈하면 아기들이 훨씬 덜 아파한다는 것을 밝혀냈다.[68] 수잔 루딩턴-호를 위시한 연구팀은 조산아 집중치료실에서 두 가지 상황으로 나누어 채혈을 비교했다. 한 그룹에서는 아기들이 소위 캥거루 자세로 어머니의 배 위에 3시간 동안 누워 있다가 그 뒤 3시간 동안 인큐베이터에 누워 있었다. 다른 아기들은 어머니의 배 위로 올려놓기 전에 인큐베이터에서 발꿈치를 찔러 채혈했다.

조산아들은 어머니의 따뜻함과 사랑으로 가득 찬 친밀감을 느꼈을 때 모든 스트레스 수치가 현저히 낮았다. 아기들의 심장박동은 평온하고 안정적이었으며, 산소를 덜 필요로 했다. 더 평온하게 행동하고 덜 울었다. 그들은 오래 잠을 잤고, 이들 중 세 명은 처치하는 동안에도 전혀 울지 않았다. 수잔 루딩턴-호는 "배 위에서 이루어지는 캥거루 자세는 조산아의 고통을 줄이고 통증을 완화하기 위한 간단하고 유익한 조치다"라고 말한다.

신생아에게 이로운 효과를 주기 위해 반드시 어머니만 육체적으로 접촉할 필요는 없다. 디트로이트의 의사와 어린이 간호사들은 항상 조산아를 가볍게 접촉하고 쓰다듬었는데 이때도 마찬가지로 통증이 줄어드는 것을 확인했다.[69] 27~34주 만에 태어나 집중치료실에 머물며 간호사들로부터 부드럽게 쓰다듬는 접촉을 받은 조산아들은 간호사들이 전통적으로 인큐베이터에서 '보금자리' 방식으로 돌본 다른 아기들보다 통증에 대해 훨씬 적은 스트레스 반응을 보였다. 형제자매가 정성껏 접촉해주지 않은 아기는 호흡을 깊게 하지 못했고, 심장 박동수가 높았으며 고통스러운 채혈을 받을 때 그리고 채혈을 받은 후에도 더 오래 울었다.

부모의 사랑이 아이의 우주다

아이들을 정신적으로 안정되고, 육체적으로 건강한 성인으로 키우기 위해서는 여러 가지 노력이 필요하다. 유아기부터 많은 애정과 관심을 받으며 자란 아이들은 대체로 스트레스를 견디는 능력이 뛰어나다. 또 어른이 되어 직업과 가족에 대해 헌신적인 성향을 보인다. 성정은 평온하고 매사에 원만하게 행동한다. 이와 달리 어떤 사람들은 항상 스트레스를 받고 과중한 부담을 느끼며 사소한 요구에도 거부하는 신호를 보낸다.

부모의 어떤 행동이 아이들에게 정신적인 저항능력을 키워주는지, 또 삶의 걸림돌을 잘 극복하는 내성을 키워주는지에 관해서는 학자들에 따라 의견이 분분하다. 그럼에도 아이들이 힘과 에너지를 얻고 쉽게 낙담하지 않도록 하는 데 도움이 된다고 모든 이가 입을 모으는 하나의 지름길이 있다.

바로 부모와 아이가 몸으로 부대끼며 정서적·육체적으로 긴밀하게 소통하는 것이다. 어린 시절부터 부모와 함께 하고, 감정적으로

궁색한 모순. 아무것도 만져보지 않는 아이들,
이는 모든 것을 만져본다는 뜻이다.

_ 앙투안 드 생텍쥐페리

상호 교류하며 애정을 보이는 행위는 아이들에게 큰 도움이 된다. 이
것은 육체적인 성장을 자극하고, 정신적인 성숙을 촉진시킨다. 부모
와의 관계 및 친밀함을 통해 아이들은 세상과 소통하는 능력, 세상을
제대로 보는 시각을 갖춰나간다.

조산아도 따뜻한 손길에서 힘을 얻는다

어린아이는 모성애를 통해
세상을 사랑하는 법을 배운다.

_ 앙드레 모루아

아기가 태어난 첫날부터 강렬하고 사랑으로 가득 찬 내면적인 유대감을 맺는 것이 중요하다. 부모들은 이를 직관적으로 느낀다. 특히 엄마들은 신생아에게 본능적으로 마음을 빼앗긴다. 이렇듯 본성이 다소 도움을 주기는 해도, 내면적인 모성애가 생기도록 모험을 감행하지는 않는다. 엄마의 가슴에 첫 모유가 분비되면서 옥시토신 호르몬 방출이 늘어난다. 이 호르몬은 그동안 '커들 호르몬' 또는 '유대 호르몬'으로 인기를 얻었다. 이 호르몬이 가까움과 접촉, 조화에 대한 욕구를 매개하고 강화하기 때문이다.

엄마들은 이 호르몬의 영향을 받아 아이를 팔에 안고 쓰다듬으며

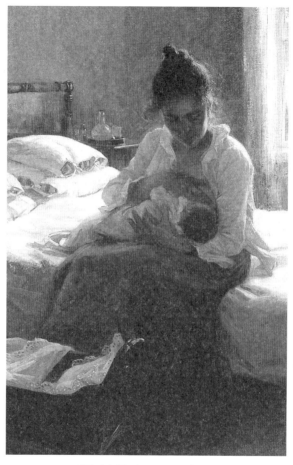

에린 다니엘손 감보기, '모성애'(1894)

젖을 물릴 때 엄마의 몸에서는 옥시토신이 분비된다.
모성애, 아이를 끌어안고 쓰다듬고 본능에 귀 기울이는 기쁨.

자기 가슴으로 끌어안는다. 엄마들은 본능에 귀를 기울인다. 서로 만지고 몸을 비비고 싶어하는 초창기의 커플에게서도 옥시토신이 비슷한 효과를 보인다.

보스턴의 소아정신과 의사인 하이들리스 올스는 몇몇 연구를 통해 엄마와의 친밀함이 아이들에게 얼마나 유익한지를 보여주었다. 올스는 집중치료실에서 이러한 현상을 발견했고 실험을 통해 이 같은 사실을 이미 1970년대에 입증했다. 다시 말해 그녀는 조산아들의 경우 온기와 애정을 많이 받고 자주 만져줄수록, 발육이 좋아지고 빠른 속도로 성장하며 뇌 손상도 적고 폐와 심장도 튼튼해져 일찍 퇴원한다는 사실을 관찰했다.

올스는 이 같은 경험을 과학적인 연구논문을 통해 체계적으로 입증했다.[70] 올스가 관찰한 현상은 지금은 신경생물학적으로도 설명된다. 그러니까 감각적인 자극을 통해 뇌가 더 빨리 성숙하고, 신경 경로 주변을 보호하는 수초가 더 잘 형성돼 신경전도가 개선되고 빨라지기 때문이다.

조산아들을 개별적으로 돌보게 하는 하이들리스 올스의 프로그램은 1970년대의 간호사와 의사들에게 많은 저항을 받았다. 전문적인 치료사와 보조자들은 자신들의 하루 일과를 방해받고 있다는 느낌을 가졌다. 조산아 자녀와 가까운 거리에서 개인적인 관계를 맺고자 노력하는 부모들은 유별나고 까다로운 존재로 여겨졌다. 올스는 "많은 간호사에게 친밀함과 간호, 온기에 대해 훈련시켰다"고 말한다. "기계가 아니라 사랑으로 가득 찬 간호가 치유로 가는 길이다."

이 단호한 여의사는 자신의 의견을 관철시켰고, 부모들이 아기를 잘 만질 수 있도록 신생아 집중치료실과 조산아 집중치료실을 바꾸었다. 엄마와 아빠가 앉아 있을 수 있도록 침대 사이 공간을 넓혔다. 덕분에 점차 엄격하게 지켜왔던 방문시간이 사라졌고, 낮에는 부모들이 언제든지 아기들을 쓰다듬어줄 수 있게 되었다. 1970년대에는 많은 병원이 방문시간을 매일 오후 3~5시 사이의 2시간으로 제한했다. 모자가 같은 방을 쓰거나 24시간 방문이 가능한 오늘날의 관행과 비교해 얼마나 다른가!

핥아주다

어린 시절이 행복한 사람은
평생 행복하게 산다.

_ 토마스 플러

쥐는 생물학자들의 장난감 인형과 같은 동물이다. 우리는 쥐에게
서 많은 것을 배운다. 쥐의 행동은 많은 점에서 인간의 행동과 유사
하기 때문이다. 신경생물학자인 마이클 미니와 다른 연구자들은 쥐
를 대상으로 무엇이 설치류 새끼들을 강하게 만들고, 스트레스에 대
해 저항력을 키우도록 하는지 실증해냈다. 연구에 따르면 태어난 이
후 어미가 집중적으로 핥아준 동물은 분자도킹 지점을 더 많이 만들
어낸다. 이 도킹 지점이 스트레스 호르몬인 코르티솔을 결합하고, 그
결과 코르티솔을 혈액 순환에서 벗어나게 해 해롭지 않게 만든다.[71]
이런 동물은 나중에 스트레스를 받아도 어미가 덜 귀여워했던 동물

보다 덜 긴장했다.

다시 말해 새끼 쥐들을 정신적으로 더 강하며 삶의 걸림돌에 잘 맞서도록 해주는 것은 집중적인 신체 접촉이다. 피부 접촉이 늘어날 때 어떻게 심리가 안정되는지는 연구자들이 DNA의 분자 차원에서 추적할 수 있다. 집중적으로 핥아주는 행위는 분자를 포함한 세포의 생화학에 영향을 미친다. 이른바 전사인자와 메틸화 단계의 도움을 받아 해당 유전자 서열이 활성화되거나 억제된다. 집중적으로 쓰다듬어주면 스트레스에 저항하는 유전인자가 더 많이 형성된다. 유대관계의 경험에 따라 수용체가 많이 또는 적게 생산되는데, 이것이 나중에 신체에서 나오는 스트레스 호르몬을 방어한다.

그동안 이런 결과는 인간에게서도 입증되었다. 학대와 무시를 당히기나 지살을 기도한 사람의 경우, 신체에서 스트레스 호르몬을 위한 도킹 지점이 훨씬 적게 발견된다. 어릴 적 심리적인 상처를 받은 사람의 저항력은 평생 약화되어 있다. 아주 어린 시절에 정신적 충격을 받으면 DNA에서 스트레스를 억제하는 글루코코르티코이드 수용체 형성을 위한 유전자가 덜 활성화된다는 분자 메커니즘이 최근 연구를 통해 밝혀졌다.[72]

신생아에게는 운동보다 마사지

아이를 때려서 가르칠 수 있는 것은 아무것도 없다.
반면 쓰다듬어주면 많은 것을 이끌어낼 수 있다.

_ 아스트리드 린드그렌

어린아이에게 접촉이 유익하다는 사실은 이미 충분히 말했다. 신생아들조차 올바르게 만져준다면 더 빨리, 건강하게 자란다. 마이애미 터치연구소 연구자들은 아이들의 팔다리를 구부리고 펴주는 운동과 마사지 치료를 비교하면서 이런 연관관계를 조사했다.

과학자들은 30명의 신생아를 대상으로 매일 세 번씩 펴고 구부리는 운동을 하는 것과 비교해 10분 간 마사지를 해주는 것이 어떤 효과를 보이는지 파악했다. 동시에 규칙적으로 신생아 심전도 검사를 했다. 심전도 변화가 미주신경계의 영향을 설명해주기 때문이다.

실험결과, 두 가지 치료 모두 아이들의 성장을 도왔다. 다른 점은 스트레칭 운동이 칼로리 소비 증가를 동반했지만, 마사지는 진정작용을 하는 동시에 미주신경 활동을 높인 것으로 나타났다. 그 결과 아이의 체중이 증가했다.

미주신경 활동이 증가하면 체중이 늘어난다는 사실에 대해 연구자들은 다음과 같이 생각한다. 깊숙이 누르는 마사지에 의해 이 신경계가 활성화되면 소화가 촉진되는데, 여기에는 위 운동이 늘어나는 것도 포함된다.[74] 그 결과 인슐린 분비가 증가하고 이로 인해 더 많은 에너지가 흡수되며 신진대사가 활발해져 체중이 증가한다.

여러 가지 마사지 형태를 비교해본 결과, 신생아를 가볍게 접촉하는 것보다 힘차게 마사지해주는 것이 체중 증가에 훨씬 더 큰 영향을 준다.[75] 5일 간에 걸쳐 매일 세 번씩 마사지를 할 때도 힘차게 누르는 접촉 효과가 유익하다는 사실이 밝혀졌다. 이것으로 끝이 아니다. 신생아의 행동에서도 차이가 나타났다. 적당한 강도의 압력으로 마사지를 받은 아이들이 더 잘 자고 덜 울었으며 신경질적인 반응도 보이지 않았다. 심장박동 역시 더 안정적이었다. 요약하자면 연구자들은 적절한 마사지 압력이 신생아를 더 빨리 성장시키고 발육을 촉진하며 체중을 늘릴 뿐만 아니라 긴장을 풀어준다는 사실을 밝혀냈다. 마사지가 신생아들의 성장을 돕는 데 매우 유용한 도구라는 것이다.

평생을 짓누르는 학대의 상흔

이해심이 없는 선생에게 받은 멸시와 정신적 억압은
아이들 마음에 심각하고 지울 수 없는 상처를 남긴다.
그리고 이 상처는 때로 남은 인생에 치명적인 영향을 미친다.

_ 알베르트 아인슈타인

논쟁의 여지가 있는 행동연구가 해리 할로우는 1950년대 어린 붉은털원숭이를 이용해, 오늘날의 관점에서 본다면 잔인하게 느껴지는 실험을 했다. 그는 어린 붉은털원숭이를 어미에게서 격리시킨 뒤 먹을 것과 뛰어다닐 공간을 충분히 제공하고, 갖고 놀 물건도 몇 가지 넣어주었다.

어미와 접촉하지 못하는 것을 제외하고 아기 원숭이에게 부족한 것은 없었다. 몇 주일 후 어린 원숭이의 성장이 지체되기 시작했다. 원숭이는 제대로 자라지 못했고, 병에 취약했으며, 무엇보다 불안해하고 이목을 끄는 행동을 했다. 몇몇 과학자들은 할로우가 어머니와 아이의 유대관계가 얼마나 중요한지를 분명히 증명했다고 마지못해 인정했다. 하지만 이 짧은 시간에 실험동물을 심리적으로 피폐하게 만들어버렸다.

독재자 니콜라이 차우세스쿠 치하의 루마니아 고아원에서도 비슷하게 끔찍한 결과가 나타났다. 공산주의 테러 정권이 끝난 후 그가 어린아이들을 어떻게 다루었는지 밝혀졌는데,[76] 일부 아이들은 침대에 묶여 동물처럼 사육되었다. 같은 또래 건강한 아이들보다 몸집이 훨씬 작은 이 아이들은 침대에 앉아 허공을 바라보거나 몸을 흔들면서 마음을 진정시키는 게 전부였다. 아이들을 만져주는 사람은 아무도 없었고 정서적인 애정도 거의 받지 못한 상태였다. 이곳의 많은 아이들은 어른이 되지 못한 채 사망했다.

이와 달리 사람들이 만져주면 "너는 혼자가 아니며 건강하게 성장할 가치가 있다"는 의미가 신체에 전달된다. 많은 연구자들은 어린 시절의 접촉 결핍이 훗날 식욕부진증과 그 밖의 식이장애를 유발할 수 있다고 생각한다. 육체는 그 한계를 체험하고 지각할 수 있는 상태가 유지되어야 한다. 그렇지 않으면 자기 신체에 대한 지각이 교란되어 극단적인 비만과 쇠약을 초래할 수 있다. 촉각 연구자들은 이런 이유 때문에 식이장애를 가진 환자들을 위해 일종의 네오프렌 양복을 고안했다. 몸에 꽉 끼는 인공 피부의 압력을 통해 환자들은 자신의 신체적 한계를 더 잘 느낀다.

다시 루마니아 고아들의 이야기로 돌아가 보자. 살아남은 아이들 가운데 몇 명은 정신적으로 뒤떨어졌고 감정도 제대로 계발되지 않았다. 이들은 자신의 마음을 제대로 표현하지 못했다. 감정 처리 및 표현을 담당하는 뇌구조의 성장이 정지된 결과였다. 몇 년 후에 살펴본 결과 면역 반응에도 문제가 생긴 것으로 밝혀졌다. 아이들은 입양된 가정의 안정적인 환경에서 생활하고 있었지만 그들의 면역체계는 육체적인 학대를 받았던 청소년기와 비슷하게 매우 약한 상태였다. "아이들은 힘든 어린 시절을 보냈지만, 이후 10여 년 동안 사랑을 듬뿍 받고 정서적인 안정을 체험하고 있다"고 매디슨 위스콘신 대학교의 세스 폴락은 말한다. "그럼에도 그들 육체는 여전히 학대당하던 시절과 마찬가지로 스트레스를 받고 있었다."[77]

유기체의 만성적인 스트레스 반응은 성장기의 학습 및 행동을 심하게 침해할 수 있다. 따라서 폴락은 이 아이들이 먼 훗날 이러한 문제로 인해 고통을 당하게 될까봐 걱정한다. 언뜻 보기에는 이런 것과 관계가 없을 듯한 사건도 일조를 한다. 폴락의 견해에 따르면 2008~2009년에 발생한 재정 위기로 인해 많은 아이가 보호시설이나 여타 기관에 맡겨졌고, 입양 건수는 줄어들었다.

유대관계 연구자와 심신의학 전문의들은 어린 시절에 당한 학대와 정서적 방임, 극단적인 엄격함 그리고 잦은 가정불화가 훗날 우울증, 불안장애와 같은 정신적 문제를 초래할 수 있다는 사실을 오래 전부터 알고 있었다. 뮌헨 루드비히—막시밀리안 대학교의 심신의학 소아과 의사인 칼 하인츠 브리쉬는 "불안정한 유대관계는 큰 위험요소"라고 말한다. 여러 연구결과는 정신적인 불행이 신체에 얼마나 강력한 흔적을 남기는지를 보여준다. 순간적일 뿐만 아니라 때로는 영원히.

심신의학자 페터 헤닝젠은 "심리적으로는 호스피탈리즘(병원이나 요양시설에서 장기간 생활할 경우 생기는 심리·신체적 변조)의 극단적인 형태도 예상해야 한다"고 말한다. "그 결과로 심각한 행동장애가 나타날 수 있다. 이런 행동장애는 반복적으로 머리와 상체를 흔드는 등 주기적인 동작을 하는 것으로 자주 나타난다." 의사들은 전 세계 버림받은 고아들이 보이는 일명 카스파—하우서 증후군의 이 같은 증상을 알고 있다. 흔들거리는 움직임 자체가 육체를 진정시킨다.

타인과의 교류에서 나타날 수 있는 결과는 심각하다. 헤닝젠은 "이런 괴로운 따돌림 때문에 접촉에 대한 두려움과 유대감 형성 장애가 발생할 수 있다"고 말한다. "전형적인 증상으로 언어발달 및 사고능력 지체가 나타날 수 있으며, 일종의 자폐증이라 할 정도로 종종 사회성도 지체된다."

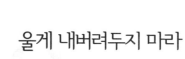

울게 내버려두지 마라

환자들이 소리를 지르면 의사들이 돈을 번다.

_ 익명

아이들이 울어대도 그냥 내버려두라는 조언이 있다. 이런 조언은 온갖 흑색 교육학 때문에 내용이 더 풍부해지면서 다음과 같은 알리바이까지 생겼다. 아이들은 지루해서 울부짖고 그러면 어머니나 아버지가 자기에게 관심을 갖는다는 사실을 알고 있다는 것이다. 그러니까 아이들이 울부짖는 것은 긴급상황이 발생했기 때문이 아니라 오로지 자극을 주기 위해서라는 논리다. 그들은 부모가 금방 달려가면 아이들이 응석받이가 된다고 말한다. 따라서 어릴 때 잠시 동안 울부짖게 내버려두는 것도 해롭지 않다고 주장한다.

이런 추측은 전부 틀렸다. 심지어 아이에게 매우 해롭다. 갓난아기는 첫 몇 달 동안은 깨지 않고 계속 잠을 잘 수 없으며, 또 처음 몇 주 동안은 밤새 젖을 몇 번이나 먹어야 한다. 대부분의 갓난아기는 스스로 마음을 진정시키는 방법을 배우지 못했다. 침대 속으로 파고들거나 엄지손가락을 빠는 것은 나중에 배운다. 그러므로 갓난아기들을 격려해 단련시키지 말고 위로와 부드러운 접촉을 해주어야 한다.

아기가 아주 어릴 때에는 매일 저녁 잠시 쓰다듬어주면서 갓난아기와 작별을 하는 것이 도움이 된다. 갓난아기들은 아직 시간감각이 없다. 밤과 낮의 리듬은 서서히 형성된다. 따라서 아기들은 침대에 뉘어지는 저녁시간이 아주 갑작스레 다가온 것으로 느낀다. 이제 낮이 끝난다는 사실에 익숙해지기까지는 어느 정도 시간이 걸린다. 이럴 때 규칙적인 의식처럼 이루어지는 다정한 작별이 아기들에게 도움이 된다.

부모가 아이들을 잠시 울게 내버려두면 잘 자거나 오래 잠을 잔다는 사실을 입증한 연구는 아직까지 없다. 뮌헨 루드비히-막시밀리안 대학교 하우너 어린이병원 심신의학과 수석의사인 칼 하인츠 브리쉬는 "독일에서는 지금도 부모들이 아이들을 응석받이로 키우는 것을 걱정한다"고 말한다. 하지만 부모가 울음소리에 즉각 반응하지 않는다고 해서 아이들이 울음을 그치는 일은 거의 없다. 영국과 덴마크 의사들은 인상적인 방식으로 이런 사실을 증명했다.[78] 그들은 도움의 손길을 받지 못할 때 아이들이 일찍 울음을 그치지 않았다는 사실을 사례연구를 통해 밝혀냈다.

따라서 의사들의 충고는 명백하다. 아기가 울면 부모들은 즉시 달래야 한다. 하우너 어린이병원 소아신경과 수석의사 플로리안 하이넨은 "아이가 우는 것은 부모가 읽을 수 있는 분명한 생물학적 신호다. 여기에는 주의와 신중함과 자연스러운 관심, 간단히 말해 사랑이 필요하다"고 말한다. "필요 없는 것은 부모의 불안과 서투른 심리학이다. 이는 양쪽 모두에게 부정적인 결과를 가져올 뿐이다."

물론 울음소리에 대한 반응은 아이들의 나이와 부모의 직감에 따라 다르다. 예를 들어 세 살짜리 여자아이가 책상에 있는 장난감을 계속 집어던지고, 엄마나 아빠가 그 장난감을 집어줄 것을 기대하며 운다면 이는 힘겨루기를 뜻한다. 이 아이는 어디까지 갈 수 있는지 알아보려 한다. 이 경우 부모들은 금방 달려가서 아이의 도발에 관심을 보일 필요가 없다. 그러나 생후 몇 개월 안 된 아기가 잠을 자지 못하고 울 때는 끝을 알아보려는 게 아니다. 그에게는 관심과 친밀함이 필요한 것이다.

칼 하인츠 브리쉬는 아기들에 대한 많은 부모들의 엄격한 생각은 나치의 엉터리 권고에 그 원인이 있다고 생각한다. 브리쉬는 "나치는 모든 엄마들에게 요한나 하러의 책《독일 어머니와 첫째 아이》를 교육입문서로 주었다"고 말한다. 그의 책에는 이렇게 쓰여 있다. "아기를 이불로 감싸 젖을 준 뒤에는 침대에 내려놓고 밤새 절대 그 방에 가지 마라. 그렇지 않으면 그 아이는 응석받이가 된다. 아이가 울면 폐가 튼튼해진다." 하러는 폐 전문의였다. 위로를 하면서 접촉하거나 쓰다듬어주는 것에 대해서는 전혀 언급하지 않았다. 매우 불운한 전통 속에서 아이들에 대한 적대적인 태도가 많은 엄마들에 의해 그 다음 세대로 전해졌다. 더구나 하러의 책은 제목만 바꿔 1980년대에도 판매됐다. 그리고 최근에 나온 다른 입문서에도 거부감이 드는 하러의 이 같은 권고와 유사한 내용이 수록돼 있다.

오늘날에는 아이들이 이런 식으로 부모와 떨어지면 너무 일찍 좌절한다는 사실을 알고 있다. 브리쉬는 "아이들을 울게 방치하고 오랫동안 혼자 내버려두면 그들의 뇌가 일찌감치 동물의 사태반사와 비슷하게 생명이 위협받을 때 생존에 도움이 되는 비상 프로그램으로 전환하는 것을 배우게 된다"고 말한다. 이런 상황에서는 뇌가 제대로 발달할 수 없다. 스트레스를 처리하고 정신적으로 저항능력을 갖추는 것도 배우지 못한다. 아이들은 확실한 유대감을 갖고 있다고 느끼는 사람들과의 교류를 통해 스트레스를 잘 견디고 완화하는 법을 배운다.

이와 반대로 신생아와 갓난아기들은 홀로 남겨지면 두려움과 분노, 슬픔 같은 감정을 발전시킨다. 이런 아이에게는 감정이 순전히 스트레스를 의미한다. 대부분의 성인과 달리 아이들은 이런 예외적인 상황을 혼자 극복하지 못한다. 최악의 경우 이런 스트레스 경험을 통해 불안장애와 공격성, 우울증이 일찍 발생할 수 있다. 최근 스탠포드 연구팀은 아이들이 계속 불안한 상황에 노출되면 뇌의 '불안센터'로 알려진 편도체가 너무 일찍 성장한다는 사실을 밝혀냈다.[79]

바이에른 국립조기교육연구소의 책임연구원 파비엔네 베커−슈톨은 "아이들은 자신의 정신적인 기본욕구를 만족시키고 스트레스를 해소하기 위해 신뢰할 수 있는 육체적인 접촉을 필요로 한다"고 말한다. "그래야만 아이들은 부모, 그리고 다른 사람들과 안심하고 믿을 수 있는 유대관계를 구축할 수 있다." SAFE−코스(부모를 위한 안전교육)에서 칼 하인츠 브리쉬 연구팀은 부모가 될 사람들에게 아이들의 신호와 울음소리에 민감하게 관심을 보이는 방법을 가르친다.[80]

현재 이런 세미나는 독일 전역에서 열리고 있다. 수요는 많다. 많은 부모가 아이들을 어떻게 다루어야 하는지 잘 알지 못하는 데다 무언가 잘못할 수 있다는 두려움을 갖고 있기 때문이다. 소아과 의사 플로리안 하이넨은 부모들이 마음 놓고 자신들의 직감을 더 신뢰해야 한다고 말한다. "우리는 부모들에게 과도한 성찰을 요구하는 대신 기꺼이 자기를 신뢰하라고 처방한다."

고립은 바퀴벌레도 병들게 한다

사랑받고 사랑하는 것은
태양을 양쪽에서 쬐는 것과 같다.

_ 비스코트

정신과 의사 다비드 세르방-슈레베르는 추천할 만한 저서 《감정이라는 새로운 의학》에서 개인적인 특색이 없는 간호 트렌드에 반기를 든 어느 간호사의 이야기를 들려준다.[81] 1970~1980년대에는 많은 의료 개입으로 말미암아 조산아들이 스트레스를 받을 정도로 집중치료가 발전했다. 육체적인 접촉 없이 아기들을 돌볼 수 있을 정도로 의료기술도 발전했다. 많은 인큐베이터에 '건드리지 마시오'라는 문구가 붙어 있을 정도였다. 애정이 필요하고 상처받기 쉬우며 의지할 데가 없는 나약한 인간이 아니라 위험한 맹수를 다루는 것 같았다.

병원에서 조산아들은 소리치며 울었다. 그러나 간호사들은 아기들을 달래고 보듬어주지 않았다. 이런 행동이 금지됐기 때문이다. 그러나 기술적인 진보에도 불구하고 아이들은 올바르게 성장하지 못했다. 아이들은 거의 자라지 못했고 건강해지지도 않았다. 물론 몇 가지 예외는 있다. 몇몇 아이들은 조산의 위험으로부터 멋지게 회복했는데, 의사들은 처음에 그 이유를 알지 못했다. 철저한 추적조사 끝에 야간 간호사들이 규정을 위반하고 우는 아기들을 팔로 안아 달래며 쓰다듬어주었다는 사실이 밝혀졌다.

그 사이 많은 병원에서 조산아용 집중치료실을 다르게 디자인했다. 예를 들면 관련자들(대부분 부모들)이 아기를 만지고 쓰다듬을 수 있도록 인큐베이터 사이의 공간을 더 많이 확보했다. 하이들리스 올스는 "부모의 손은 어떤 보들보들한 이불보다 중요하다"고 말한다. 올스는 소아정신과 의사로서 일찍이 병원을 아이들 친화적으로 개조하기 위해 노력했다. "누구나 인생에서 한 가지 일은 할 수 있죠. 그 일에 관심을 가지는 것도 가치가 있습니다."

20세기 중반 최신 표준에 따라 설계된 고아원에서도 간호사들은 전염에 대한 두려움 때문에 아이들과 접촉하지 말고, 그들과 놀지 말라는 지시를 받았다. 이곳에 있는 고아들은 의학적으로 좋은 치료를 받고 영양도 제대로 공급받았지만 풍진이 유행하자 40퍼센트나 되는 아이들이 사망했다. 고아원 밖에서 그다지 위험하지 않은 이 전염병으로 사망한 사람들의 비율은 훨씬 낮았다.

오랫동안 병원이나 고아원에서는 충분히 만져주거나 쓰다듬어주지 않은 채 아이들을 치료하고 양육했다. 그러나 시간이 흐르면서 다음과 같은 인식이 관철되었다. 아이들에게 좋은 일을 하려는 사람은 충분한 영양과 의학적인 치료, 안전을 제공할 뿐만 아니라 정신적인 면에서도 안식처를 제공할 수 있도록 신경 써야 한다. 또 아이를 가끔 팔로 안고 쓰다듬어주어야 한다. 접촉은 아이들의 발육을 촉진시킨다. 동물의 세계에서도 이런 긍정적인 효과를 볼 수 있다. 별로 매력적이지 않은 바퀴벌레의 경우에도 고립은 발달장애를 초래하고 생장을 멈추게 한다. 바퀴벌레도 가까이 있는 동족이 서로 쓰다듬어주며 안테나라고 부르는 촉수를 서로 접촉하면 육체적·성적으로 더욱 빨리 성숙해진다.[87] 바퀴벌레는 확실히 접촉 자극을 통해 호르몬 분비에 영향을 받는다. 이와 반대로 바퀴벌레에게 접촉을 금지하면 난세포가 느리게 발육한다.

이해는 느낌보다 항상 느리다

행복한 예술이 아니라
행복한 느낌이 드는 예술에 대해 이야기하라.

_ 마리 폰 에브너–에셴바흐

어린아이들은 우리가 생각하는 것보다 많은 것을 기록한다. 부모
가 아이에게 애정을 듬뿍 쏟을수록 아이는 많은 것을 받아들인다. 그
런 아이는 일찍 말을 배우고 사회적 경쟁력을 발전시킨다. 부모와 아
이가 일찍부터 사랑으로 가득 차고 안정적인 관계를 맺으면 아이들
은 스트레스와 우울증에 대한 저항력이 생기고, 심장 박동이 일정해
진다. 이런 심장리듬 때문에 성인이 되었을 때 심근경색에도 덜 걸린
다.[84]

촉각은 처음으로 발달하는 감각이기 때문에 일찍부터 자극을 받
는다. 앨라배마 대학교 마리아 헤르난데스–라이프는 "신생아는 이

미 촉각 경험을 많이 하기 때문에 촉각에 대한 감수성이 예민하다"고 말한다. 그녀는 마이애미의 터치연구소에서 따로따로 치료하는 조산아 쌍둥이의 발육이 매우 더딘 것을 관찰한 뒤 두 자매를 같이 있도록 조치했다. 서로 만지고 상대방을 안도록 하자 쌍둥이 조산아의 발육 및 회복 속도가 눈에 띄게 나아졌다. 헤르난데스–라이프는 "접촉은 최초의 언어"라고 말한다. "이해는 느끼는 것보다 훨씬 늦게 온다." 규칙적인 접촉은 젖먹이의 뼈를 튼튼하게 하고 발육을 촉진시킨다. 또 아버지가 육아에 동참해 아이들과 유대감을 쌓을 경우 엄마들은 불안감과 우울함을 훨씬 덜 느낀다.

접촉이 활발한 아이들은 기존에 추측했던 것보다 훨씬 더 빨리 인지 발달이 시작된다. 인지 발달은 아이들이 얼마나 자주, 집중적으로 섭촉을 하는가에 달려 있다. 지르브뤼켄 대하교익 기자 아셔스레벤은 엄마와 아이 56쌍을 연구했다. 그는 "아이들은 생후 6개월이 되면 간단한 행동을 목표 지향적인 것으로 이해할 수 있다"고 말한다. 아셔스레벤 팀은 생후 10개월인 아이들을 관찰하면서 엄마들이 자기 아이를 얼마나 다르게 다루는지 확인하고 깜짝 놀랐다. 많은 엄마들은 아이와 함께 방에 있는 동안 아기를 열심히 쓰다듬고 보살피면서 아이의 상태에 매우 예민하게 반응했다. 한편 일부 엄마들은 무관심하게 옆에 앉은 채 아이들이 접촉을 시도하려 해도 바라볼 뿐이었다.

장 오노레 프라고나르, '간호사 방문하다'(1775)

즐거울 때든 슬플 때든, 배고플 때든 아플 때든,
아기는 누군가와 소통하고 보호받아야 한다.
절대 홀로 남겨져서는 안 된다.

실험결과, 냉정하고 무관심한 엄마의 아이들보다 세심하게 보살핌을 받은 아이들이 단순한 인과관계, 가령 경사면에서 구슬을 굴리면 무거운 구슬이 더 멀리 굴러가는지 아니면 가벼운 구슬이 더 멀리 굴러가는지 등을 더 잘 이해했다. 아셔스레벤은 "아이들이 유대감을 느낄 때 언어와 인내력, 사회적 경쟁력이 발달한다"고 말한다.

아셔스레벤의 연구에서 우리가 주목해야 할 것은 홀대받거나 학대받은, 그러니까 '문제 있는 관계'에서 자란 아이들의 행동은 관찰되지 않았다는 사실이다. 실험에 참가한 모든 부모는 아이들과 우호적이거나 조화로운 관계를 맺고 있었다. 다만 어떤 엄마는 아이에게 애정 어린 포옹과 눈길을 주었으며, 다른 엄마들은 다소 무관심했다. 만일 아이들이 매를 맞거나 다른 방식으로 괴롭힘을 당하고, 부모의 애정을 확신할 수 없었다면 어떤 결과가 나왔을까?

아이들도 일찍부터 행동이 감정에 기반한다는 것을 이해한다. 토론토 뉴욕 대학교의 마리아 레거스티프는 "태어날 때부터 인식 능력은 존재한다"고 말한다. "인식 능력은 애정을 통해 강해지며, 아이들을 사회적이고 감정적으로 만드는 것은 엄마의 감성이다."

다른 학자들의 연구결과도 아이들은 지금까지 생각했던 것보다 더 일찍 인지발달 단계를 완성한다는 사실을 암시한다. 뮌헨 루드비히-막시밀리안 대학교의 메히틸트 파포우제크는 "예비교육 연령에서 이루어지는 개발 프로그램은 이미 너무 늦은 감이 있다"라고 말한다. "광범위한 계층에서 가족 간에 의사소통이 없거나 너무 부족하다. 따라서 무언가를 해야 한다." 이미 앞서 언급한 칼 하인츠 브리쉬에 의해 시작된 SAFE-코스(부모들을 위한 안전교육)는 처음부터 부모와 아이들 간 유대관계를 강화하는 것이 목적이다. 부모들은 출생 전과 후 몇 주일 동안 그들이 갖게 될 두려움을 이해하고, 아기와의 민감한 교류를 배우게 된다. 브리쉬는 "아이들은 때로 부모들에게 외상성 스트레스 장애를 유발시키고 멘붕이 오도록 만든다"고 말한다.

유명한 작가이자 취리히 대학 아동병원 의사인 레모 라르고는 "교육은 아주 정상적인 재난이다"라고 말한다. "갈등은 언제든 발생하기 마련이고, 아이들은 갈등 없이 성장할 수 없다." 그래서 아이가 때로 잠을 자지 않고 먹지 않으며 자주 소리를 지르거나 눈에 띄는 사회적 행동을 보일 때 부모들은 죄책감을 가져서는 안 된다. 물론 이것이 홀대에 대한 면죄부는 아니다. 라르고는 "아이들에게는 일찍부터 민감하고 신뢰할 수 있는 사람이 있다는 사실이 중요하다"고 말한다.

아이가 성장할 수 있는 폭은 매우 넓다. 부모들은 때로 자기 아이들이 빨리 성장하지 않는다고 걱정한다. 5~12세까지의 아이들은 다른 사람의 신체 언어와 얼굴 표정을 인식하는 것을 배운다. 물론 개인적인 차가 크다. 3~7세 아이들은 행동을 모방하고, 롤모델을 따라

한다. 라르고는 "사회화와 롤모델의 기능이 그렇게 중요하다면 우리는 아이들에 대해서가 아니라 성인에 대해서 더 많은 이야기를 해야 한다"고 말한다. 2~7세에 사회적 학습이 가장 강하게 이루어진다면 엄마가 아이들과 함께 계속 집에만 머무는 것이 바람직하지 않을 수 있다. 자극을 받을 수 있는 다른 파트너가 필요한 시기이기 때문이다.

불안할 때는 왜 배가 아플까?

우리 상황이 정말로 행복하다면
우리는 오락을 통해 생각을 딴 곳으로 돌릴 필요가 없다.

_ 블레즈 파스칼

처음에는 항상 배가 아프다. 나중에 감기나 중이염을 앓고 있는 것이 밝혀져도 아이들은 아프기 시작할 때 항상 배가 안 좋다고 느낀다. 성인과 마찬가지로 아이들은 배로 불안과 흥분, 분노를 느낀다. 학교에 가기 싫거나 스포츠클럽에서 놀림을 당했을 때, 다른 걱정거리가 있을 때도 배에 통증이 생기고 체하며 꼬르륵 소리가 난다. 이 것은 꾀병과는 아무 관계가 없다. 통증은 사실이다. 나는 어린 시절 부모님이 저녁에 외출하는 것이 두려울 때 늘 배가 아팠다. 그것은 진짜였다. 내 마음이 진정되거나 어머니가 집에 있으면 통증은 다시 사라졌다.

아이들의 20퍼센트는 습관적으로 배가 아픈데, 이에 대한 기질적 원인은 찾을 수 없다. 노스캐롤라이나 대학교의 미란다 반 틸버그를 비롯한 위장 전문가들은 상상력을 이용해 아이들이 성가신 통증으로부터 벗어날 수 있는 간단하고 실용적인 방법을 발견했다.[85] 말하자면 아이들은 상상력을 이용해 스스로 복통을 완화시킬 수 있다. 아이들은 의사들이 개발한 CD를 이용해 긴장을 풀어주는 기분 좋은 그림을 생각하고, 이를 통해 유쾌한 기분을 갖는다.

연구대상은 6~12세의 아이들로, 이들은 항상 원인이 확실하지 않는 복통에 시달렸다. 이들 중 절반은 8주 간의 과정에 참여했다. 이 과정에서 이들은 예를 들면 구름 위를 떠다니며 긴장을 푸는 모습을 상상했다. 또 다른 모임에서는 아이들이 자기 손에서 녹고 있는, 따뜻하고 밝게 빛나는 물건을 상상했다. 이이 이이들은 띠뜻한 무언가를 들고 있는 손을 자기 배에 올려놓았다. 이런 방법으로 배의 통증과 다른 장애로부터 벗어날 수 있었다.

아이들은 CD를 이용해 자신들의 복통을 직접 치료하는 것을 재미있어 했다. 자체 보고에 따르면 참가자의 73퍼센트에서 통증이 절반 정도 완화됐다. 이와 달리 약물치료를 받은 그룹에서는 27퍼센트의 아이들만 통증이 완화됐다. 이 아이들이 복통 치료를 위해 상상력을 사용하는 방법을 배우자 58퍼센트가 증상이 호전됐다.

훈련이 끝나고 6개월이 지난 후에도 아이들의 3분의 2가 여전히 잘 지내고 있었다. "우리 연구에서 흥미로운 것은 아이들 스스로 복통을 진정시킬 수 있게 되었다는 점이다"라고 주 저자인 틸버그는 말한다. "이 방법은 전통적인 치료보다 더 뛰어나고 비용도 적게 든다."

자율훈련이나 최면 같은 긴장완화 운동은 그 원리가 아주 비슷하다. 예를 들어 "내 배는 따뜻하고 부드럽다"라는 문장을 생각하며 자기 느낌과 생각을 배에 집중시킨다. 그러면 많은 사람들이 유쾌한 느낌을 갖게 되는데, 때로는 기분 좋고 긴장이 풀린 나머지 트림을 동반하기도 한다. 최면을 이용해 아이들을 성공적으로 치료한 영국 위장 전문가 데이비드 캔디는 "우리는 이에 대해 더 많이 알아야 한다"고 말한다. "심리적인 이유로 배가 아픈 상황은 매우 자주 발생한다. 그리고 이 때문에 많은 아이들이 학교에 가지 못한다."

그런데 배에서 기분 좋은 느낌을 느끼려면 순수한 상상력만 중요한 것이 아니다. 배가 부드럽고 따뜻해진다는 상상력과 더불어 배 위에 올려놓은 손이나 따뜻한 병도 장기의 움직임을 활성화시키고 긍정적인 신호를 전달하는 데 기여한다. 요컨대 척수 단위는 오로지 한 개의 기관이나 신경 경로로만 연결되지 않는다. 오히려 각 척수 마디로부터 피부신경이 갈라지는데, 이 피부신경은 다른 뉴런과 상호작용한다.

이런 상호작용이 어떻게 기능하는지는 아직 정확히 밝혀지지 않았다. 다만 어떤 기관이 병들거나 침해를 받으면 피부에 불쾌감이 나타난다. 가령 심근경색은 턱과 목, 왼쪽 상박에 전형적인 통증을 유발한다. 이 부위 피부신경이 심장을 지배하는 신경과 소통하기 때문이다. 반대로 피부 접촉도 각 기관의 기능 및 상태에 영향을 미친다.

만지고, 느끼고, 성공하다

　유쾌한 접촉에는 놀라울 정도로 유익한 효과가 있다. 이와 관련해 미처 예상하지 못했던 분야에서도 접촉의 긍정적인 효험들이 속속 확인되고 있다는 사실은 이제 그리 놀라운 일이 아니다. 접촉의 효과는 인간관계와 의학뿐만 아니라 스포츠나 학습, 나아가 술집과 바에서도 찾아볼 수 있다.

　대다수 사람들은 술집에서 왁자하게 떠들며 서로 몸을 부딪치는 상황에 있을 때 술을 훨씬 많이 마신다. 또 승승장구하는 스포츠 팀은 종종 선수들끼리 손과 몸을 만져주면서 격려를 한다.

　이때 신체 접촉은 어떤 역할을 할까. 술이 술술 잘 넘어가고 유쾌해져서 사람들과 접촉을 자주 하는 걸까, 아니면 상대와의 접촉이 기분을 돋우고 술맛을 더 좋게 하는 걸까? 우리 팀이 이기고 있기 때문에 동료를 쓰다듬는 걸까, 아니면 빈번한 접촉과 격려가 팀원들에게 결속력을 불어넣고 고무시키는 걸까?

　학자들마다 한 치도 양보하지 않는 논거를 들이대며 서로 다른 주상을 펼친다.

　그럼에도 이 질문에 대해 한결같이 적용되는 정답은 있다. 유쾌한
접촉이 신체와 정신에 자극을 주어 성취능력을 향상시킨다는 사실에
어떤 학자도 이견을 달지 않는다.

손으로 승리를 쟁취한다

나는 항상 축구공을 쓰다듬듯이 했다.

_ 안드레아 필르로(독일 축구선수)

모든 축구 팬들에게 익숙한 명장면이 있다. 가끔 스포츠 뉴스나 국가 대항 축구경기를 보는 사람들도 알고 있는 장면이다. 골을 넣은 후 선수들은 자신의 연인이 질투를 할 정도로 서로 포옹하고 쓰다듬으며 뽀뽀를 한다. 이런 신체 접촉이 정점을 이루는 순간은 보는 사람이 압사당하지 않을까 우려할 정도로 골을 넣은 선수 위에 팀원 전체가 한 사람씩 몸을 날려 인간 탑을 쌓을 때다.

그러나 골 세리모니를 할 때만 선수들이 가까워지는 것은 아니다. 단체 운동경기를 하면서 서로 격려하기 위해 포옹하거나 엉덩이를 가볍게 두드리기도 한다. 호루라기를 불기 전에 이미 선수들은 서로 팔짱을 끼고 서 있거나 두 손으로 다른 선수의 머리를 감싼다. 물론 접촉은 조금씩 다르게 이루어진다. 예를 들어 오랫동안 독일 국가대표 골키퍼를 지냈던 올리버 칸은 동료 선수나 상대 선수에게 헤드록을 걸고, 그들의 목을 깨물거나 조르곤 했다.

애정이 깃들어 있든 무례하든 운동선수들의 신체 접촉은 진심에서 우러나온 것이다. 그들은 상대 선수에게서 공만 빼앗는 것이 아니다. 목에 팔을 걸치거나 격려를 하면서 어깨를 두드리고, 나중에는 땀으로 범벅이 된 운동복을 기꺼이 상대 팀과 교환한다.

그러나 운동선수들 간 접촉을 애들 싸움처럼 서로 밀고 부딪히며 싸우다가 나중에 다시 사이가 좋아지는 식의, 신체가 강조되는 게임으로만 해석해서는 안 된다. 열한 명의 선수들이 신체적으로 가깝다는 것은 팀의 성적에 적잖이 기여한다. 말 그대로 결속력이 좋아진다는 뜻이다.

학자들은 접촉의 빈도와 강도가 축구팀 성적과 어떤 관계가 있는지 평가했다. 1998년 프랑스 월드컵에서 연구자들은 당혹스러운 결과를 얻었다. 시합 중 선수들끼리 가장 많이, 가장 오래 서로 접촉한 팀이 결국 챔피언이 되었다. 지네딘 지단과 로랑 블랑, 티에리 앙리가 이끈 프랑스 대표팀이 오랫동안 염원하던 타이틀을 획득한 것이다. 당시 프랑스 대표팀은 패스와 볼 컨트롤에서 가장 성공적이었을

골 세레머니

이런 식이다. 공이 골망을 가르는 순간, 같은 팀 선수들이 달려와 골 넣은
동료를 끌어안고 땀에 젖은 등에 키스를 퍼붓고 머리를 두드린다.
얼핏 격투기를 연상케 할 만큼 격렬한 이런 접촉은 하도 흔해서 별로 놀랍지도 않을 정도다.

뿐만 아니라 피부 접촉에서도 선두를 차지했다. 뇌 연구자 마르틴 그룬발트는 "짧은 신호인 접촉은 팀워크를 강화하고, 성취능력을 향상시킬 수 있다"고 말한다. 그는 라이프치히 대학교에서 촉각 이론에 관한 실험을 이끌면서 접촉을 연구하고 있다. 학자들은 더 자주 접촉하는 사람이 더 많은 것을 성취할 수 있다고 생각한다.

그럼에도 닭이 먼저인가, 달걀이 먼저인가 다투는 목소리는 여전히 존재한다. 왜냐하면 훌륭한 팀워크 때문에 프랑스 대표팀이 다른 국가 선수들보다 잦은 신체 접촉을 했는지, 아니면 잦은 신체 접촉으로 인해 프랑스 선수들이 헌신적이고 정열적으로 경기를 했으며 그 결과 성공을 거두었는지는 연구자들이 밝혀내지 못했기 때문이다.

당시 신체를 이용한 특정 제스처가 월드컵 기간 동안 유명해져서 오늘날까지 프랑스인의 집단기억 속에 남아 있는 것은 결코 우연이 아니다. 수비수 로랑 블랑은 축구의 신에게 행운을 빌기 위해 경기 직전 항상 골키퍼 파비엥 바르테즈의 대머리에 키스를 했다. 블랑은 때로 골키퍼가 멋지게 골을 막은 뒤에도 바르테즈에게 키스를 했다. 블랑이 출전하지 못한 결승전에서 승리한 뒤, 프랑스 대통령 자크 시라크도 이런 의식에 따라 바르테즈의 대머리에 키스를 하면서 타이틀 획득을 축해주었고, 프랑스 사람들은 이것을 퍽 마음에 들어 했다.

다른 스포츠 종목에서도 접촉과 성적 사이에는 인과 관계가 있다. 버클리 대학교 심리학자들은 2008~2009년 농구 시즌에서 더 자주 접촉했던 팀이 NBA에서 좋은 성적을 거두었다는 사실을 밝혀냈다.[86] 팀스포츠에서 접촉이 성적에 기여한다는 사실은 특히 시즌을 시작할 때 빈번하게 몸을 만졌던 팀에서 두드러지게 확인되었다. 학자들은 기량이 비슷한 선수와 팀, 전년도 결과를 통해 팀의 발전 가능성을 예상해보았다. 그 결과 신체적으로 서로 가까웠던 팀일수록 좋은 성적을 냈다.

빈번한 접촉은 결속력뿐만 아니라 팀 정신의 표현이라고도 할 수 있다. 성적이 좋지 않거나 패배에 직면해 있더라도 팀원들이 얼마나 서로를 위해 노력하고 힘이 되어주는지를 암시하기 때문이다. 물론 지금까지 다른 팀스포츠 종목에 대해서는 연구가 많이 이루어지지 않았다. 시합 전에 코치와 어느 정도 접촉이 있는 개인 종목 스포츠 선수들과의 비교도 흥미롭다.

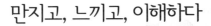

만지고, 느끼고, 이해하다

사람은 직접 할 수 있는 것만 깨닫고,
직접 만들어낼 수 있는 것만 이해한다.

_ 요한 볼프강 폰 괴테

무언가를 만져보는 사람은 그것을 더 빨리 이해할 수 있다. 손은 만지고 잡아보는 데 아주 적합하지만 신체의 다른 부위, 특히 혀를 이용해서도 탐지할 수 있다. 이와 관련해 율법을 가르치는 사람들에 관한 이야기가 전해 내려오는데, 랍비들이 나무를 깎아서 꿀을 바른 히브리어 철자를 아이들에게 주었더니 아이들이 이 철자를 핥았다. 아이들은 이 철자를 굽기도 했다. 멋진 모습이다. 아이들은 이렇듯 생생하게 접촉하는 방법을 통해 히브리어 철자를 배우고, 유대 전통과 율법에 담긴 신의 말이 얼마나 달콤한지도 알게 된다.

접촉하고 만지는 신체 운동은 비단 손을 통한 접촉이 아닐 때에도 무언가를 이해하는 데 도움이 된다. 아이오와 대학교 여성 심리학자 수잔 와그너 쿡은 시카고 대학교의 여성 동료들과 함께 한 가지 실험을 했다. 그 결과 참가자들이 어떤 사건에 관해 이야기하면서 행동을 동반할 때 기억력이 현저히 개선된다는 사실이 밝혀졌다.[87] 예를 들어 참가자들에게 양동이를 내동댕이치는 경찰이나 닭을 홰대가 있는 방향으로 옮기는 남자를 보여주었다. 또 손수레 안으로 날아드는 비둘기와 자기 발끝을 만지며 조깅하는 사람도 보여주었다.

동물이나 사람, 물건, 어느 것을 보여주든 상관없었다. 여러 영화 장면을 보고 난 후 이에 관해 이야기를 해보니, 몇 가지 상황을 팔(또는 신체의 다른 부위)을 움직이며 따라 했던 참가자들이 전혀 움직이지 않았던 실험대상자들보다 해당 장면을 훨씬 더 잘 기억해냈다. 3주일 후에 확인한 기억력 테스트에서도 동일한 패턴이 나타났다.

운동선수가 시합 전 자기 종목의 운동 과정을 마음속으로 다시 한 번 시뮬레이션한 경우에서도 비슷한 결과가 나타났다. 예를 들어 운동선수들은 대회 전에 경기장 모습 혹은 포뮬러1 코스의 곡선 구간을 마음속으로 그려본다. 또 체조 선수들은 철봉에서 스윙하는 방법과 잡는 법을 상상해본다. 연구결과, 이렇게 준비를 한 뒤 출발선에 서는 사람이 더 좋은 성적을 얻는다. 그렇게 함으로써 우리 뇌와 육체는 이미 운동할 수 있는 준비 상태로 돌입하기 때문이다.

바뱀바 족이 배신자를 끌어안는 법

사람들은 의식하지 못하지만 오로지 느끼는 것만으로
많은 것을 무의식적으로 터득할 수 있다.

_ 미하일로비치 도스토예프스키

공감을 표시하고 스스로 공동체의 일부라고 자각하는 문제와 관련
해 남성과 여성은 다르게 반응한다. 남자들은 공정하고 나무릴 데 없
이 행동하는 사람들에 대해서만 공감한다. 순수한 스포츠 정신이다.
남자들은 배신자와 불공정한 인간을 참지 못한다. 여러 연구결과에
따르면, 여성은 다소 다르다. 여성은 정의로운 사람을 좋아하지만 상
대가 공정하든 불공정하든 혹은 그들이 나중에 칭찬을 받든 처벌을
받든, 양쪽 모두에게 공감을 느낀다.

공동체의 결속력을 유지하기 위해서는 잘못을 저지르기 쉽거나 이
미 저지른 개인에게 공감을 보이는 것도 적잖은 의미가 있는 듯하다.

잠비아에 사는 바벰바 족에 관한 보고서가 이런 결론을 시사한다. 마을 주민 가운데 한 명이 부정한 짓을 저지르면 오래 전부터 내려온 의식을 하게 된다. 먼저 다른 사람들이 원을 만들고, 원 한가운데 범죄자를 세운다. 바벰바 족은 그렇게 원을 만들어 서로 어깨동무를 한다. 어깨동무를 한 개인들은 공동체의 일원으로서 다른 사람과 연대하고 있는 셈이다. 이와 반대로 범죄자는 혼자서 의지할 곳 없이 원 한가운데 서 있어야 한다.

사람들은 그에게 나쁜 일이 생길 거라고 지레 걱정할 수도 있다. 왜냐하면 한 사람을 둘러싸고 원을 만드는 것은 수천 년 전부터 공동체에서 추방된 사람을 돌로 쳐 죽이거나 구타하고 린치를 가할 때 이용했던 대형이기 때문이다. 모든 사람이 한 사람에게 죄를 묻는다. 물론 한가운데 홀로 선 자에게는 기회도 없다. 바벰바 족의 경우는 다르다. 잘못을 저지른 개인을 처벌하거나 비난하는 대신 그 사람이 유쾌하게 마을 공동체로 복귀하고 마을 공동체가 그를 받아들일 때까지, 어깨동무를 한 이웃들은 그의 좋은 본성을 거듭 상기한다.

"너는 좋은 아들이야." "너는 인정 많은 친구야." 죄 지은 당사자는 의식이 진행되는 동안 부락의 주민들로부터 이런 말을 듣는다. 서로 의지해야만 하는 마을생활에서 집단이 결속되고 붕괴되지 않는 것은 모두에게 중요하다.

진화론적인 관점에서 이것은 매우 의미 있는 사례다. 우리 선조 시대(또는 오늘날 아직도 원시적인 생활을 영위하는 부족)에는 식량을 구하고 위험한 동물이나 적의 공격으로부터 스스로를 보호하기 위해 동일한 목표를 추구하는 집단생활을 해야만 했다. 결속력을 저해하는 사람은 쫓겨나거나 극단적인 경우 죽임을 당했다. 또는 죄 지은 사람을 재사회화해 집단의 일원으로 다시 받아들이기도 했는데, 이 방법의 장점은 소수의 구성원이 잘못을 해도 집단이 더 작아지지 않는다는 것이다.

다시 바벰바 족 이야기로 돌아가 보자. 원형으로 서서 어깨동무를 한 마을 사람들이 범죄자를 향해 그의 좋은 본성을 큰 소리로 말하고, 이 과정을 범죄자가 견디며 이웃의 칭찬을 고맙게 듣는다면 공동체는 그를 받아들인다. 그는 다시 공동체의 일원이 되고, 그 첫 번째 표시로 주민들이 만든 원에 끼어들어 함께 어깨동무를 한다. 이렇게 그는 주민들과 새롭게 접촉한다.

터치, 유능한 바텐더의 비밀병기

우리가 살고 있는 거리에 있는 작은 술집,
인생이 아직 살 만한 가치가 있는 그곳.

_ 페터 알렉산터

훌륭한 바텐더는 손님을 어떻게 다루어야 하는지 잘 안다. 노련한 음식점 주인이나 레스토랑 운영자와 마찬가지로, 바텐더도 고객을 위해 음식과 마실 것만 내놓는 것이 아니다. 많은 고객들에게 바텐더는 고해신부이고 사제이며 치료사이기도 하다. 사람들이 푸근하게 생각하며 신뢰하는 바텐더는 단골 고객에 대해 아주 많은 것을 알고 있다. 테이블 뒤에 서 있는 그들의 일은 본래 몸을 많이 사용하는 것이어서, 쉬지 않고 손님들에게 다가간다. 격려하기 위해 손등을 가볍게 두드리고, 팔을 어깨에 올려 안심시키거나 큰 걱정거리에서 벗어나도록 튼튼한 어깨를 빌려주기도 한다.

바텐더는 친구이자 고해신부이며 치료사이다.
훌륭한 바텐더는 마주앉은 손님의 눈빛과 표정을 직관적으로 읽어낸다.
많은 사람들에게 술은 이 멋진 의사에게 다가가는 도구일 뿐이다.

이 같은 접촉을 통해 친밀함이 생긴다. 그리고 손이나 팔, 등을 따스하게 만지는 이런 행동이 놀랍게도 술을 마시는 손님들의 행동에도 영향을 준다. 리치몬드의 버지니아 코먼웰스 대학교 심리학자들은 술집에 대한 연구를 통해 술집 손님들이 이곳에서 접촉을 받으면 술을 더 많이 마신다는 사실을 밝혀냈다.[88]

이 연구에는 남자 96명과 여자 48명이 참가했다. 술집에서 서비스를 하는 사람들이 손으로 자주 만질 경우 손님들은 술을 더 자주 주문했고, 더 많이 마셨다. 물론 여기서 만진다는 것은 은밀하게 '수작'을 건다는 의미가 아니다. 연구결과 이러한 경향은 성별이나 동행한 사람 여부와 관계없이 유사한 패턴을 보였다. 즉 남자들과 함께 바를 찾은 남자뿐만 아니라 연인들도 접촉이 있을 경우 더 자주 추가 주문을 했다. 모든 상황에서 남자들이 여자들보다 많이 마시기는 했지만 말이다.

낯선 사람과의 가벼운 접촉도 친밀한 느낌을 갖게 하고 긴장을 풀어준다. 이것은 자기 파트너가 곁에 있어도 달라지지 않는다. 기분이 들뜨고, 존중받는다는 느낌을 지니게 된 사람은 기꺼이 맥주를 한두 잔 더 주문한다.

유쾌한 감정 불러일으키기

짧은 흰색 재킷을 입고 일하는 심리학자들이 있다.
바 뒤에서.

_ 로베르트 렘프케

바텐더와 웨이트리스는 손님들이 많은 팁을 지불하게 만드는 트릭을 여럿 알고 있다. 여성 종업원이 목덜미가 깊게 파인 옷을 입고 남자 손님들과 가볍게 수다를 떨며 그들의 건강을 기원해주면 수입이 훨씬 더 많아진다. 이타카의 코렐 대학교 학자들은 이와 관련해 키가 크고 가슴이 큰 금발의 젊은 여성들이 팁을 가장 많이 받는다는 사실을 보여주었다. 이와 반대로 나이가 들고 머리카락이 짙으며 덜 풍만한 여성들은 팁도 적었다.[89]

그런가 하면 레스토랑에서 일하는 남자 직원이 호의적이고 상냥한 태도를 보이면 돈을 더 많이 벌 수 있다. 팁의 액수를 결정하는 핵심은 손님들이 환영받고 있으며 유쾌해진다는 느낌을 갖게 하는 것이다. 또 다른 연구에 따르면 티셔츠나 블라우스의 디자인이 얼마나 자극적인지에 관계없이 웨이트리스가 붉은색 옷을 입을 때 팁을 더 많이 받는다.[90] 같은 디자인이라면 노란색과 파란색, 흰색, 녹색 및 검은색 티셔츠와 비교해 서비스 종사자가 빨간색 옷을 입었을 경우, 3분의 1 정도 더 많은 팁을 받았다(이것은 빨간색 조끼를 입은 웨이터에게도 해당한다).

다른 연구에서는 서비스를 하는 여성들이 빨간색 상의를 입었을 때 418명의 남성 손님들에게서 받은 팁의 총액이 14.6~26.1퍼센트까지 늘어났다. 물론 이런 효과는 남성, 더 정확하게 말하면 단체 손님이 아니라 혼자 레스토랑에 와서 식사를 하는 남성들에게 한정된다. 연구기간 동안 레스토랑을 찾은 304명의 여성 손님들은 빨간색 옷을 입은 여성들로부터 서비스를 제공받는다고 해서 더 자주 혹은 더 많은 팁을 주지 않았다.

반면 웨이터나 웨이트리스가 손님과 가볍게 접촉할 경우, 팁의 액수에 큰 영향을 미쳤다. 그저 가까움과 아늑한 느낌을 전달하는 접촉이면 된다. 접촉을 받은 손님들은 기분이 고양되고 유쾌해지며 들뜬 기분이 들어 대범해진다. 그 결과 손님들은 많은 돈을 지불한다. 놀라운 사실은, 바의 주인이나 웨이트리스가 화창한 날 계산서에 스마일 모양이나 밝은 태양을 그려넣을 경우에도 같은 결과가 일어난다.[91] 물론 큰 금액을 말하는 것이 아니다. 이 연구는 프랑스의 한 바에서 에스프레소 한 잔을 주문한 고객을 대상으로 이루어졌다. 실험결과 태양 같은 단순한 사물로 표현되는 좋은 느낌과 유쾌한 분위기는 손님들이 더 자주 그리고 더 많은 팁을 남겨놓게 만들었다.

허물없고 친밀한 느낌이 드는 감정은 '유대감 호르몬'인 옥시토신을 통해 전달된다. 옥시토신은 가까움에 대한 욕구뿐만 아니라 대상에게 강한 신뢰감을 갖게 한다. 실험에서는 옥시토신을 코에 뿌린 자발적 참가자들이 낯선 사람들에게 돈을 더 잘 빌려주었다. 이런 효과는 상대를 신뢰할 수 없으며 공정하지 않게 행동하는 징후가 있을 때도 지속됐다.

접촉, 21세기 스마트 산업의 새로운 키워드

접촉은 이제 두 사람 간의 관계에만 머물지 않는다. 접촉의 긍정적 작용과 막강한 영향력을 인지하고 활용하는 사업이 점점 더 늘어나고 있다. 예를 들어 PR 분야는 더 이상 잠재고객의 눈과 귀에만 호소하지 않는다. 그들은 점점 더 촉각을 중요시한다.

사람들은 접촉을 통해 새로운 제품에 관심을 갖거나 원하는 물건을 자기 손으로 직접 만져보고 싶어한다. 바로 그런 욕망을 건드리는 것이다. 그럼에도 접촉은 광고 산업에서는 여전히 새로운 영역으로 간주되고 실험적으로 도입되는 추세이다.

하지만 IT 분야와 엔터테인먼트 산업에서는 이미 오래 전에 접촉의 효용가치에 주목했으며 여러 제품에 도입해 그 효과를 발휘하고 있다. 당장 고개를 돌려 주변의 IT 기기가 어떻게 작동되는지 한번 살펴보라. 21세기 들어 새로 개발된 많은 스마트폰과 태블릿 PC는 주요 기능을 실행할 때 쓰다듬듯 가볍게 미는 방식으로 성공을 거듭하

시어도어 트웜블리: "당신을 안고 싶소. 당신을 만지고 싶소."
사만다(컴퓨터의 여성 목소리): "어떻게 나를 만지려고 해요?"

_ 스파이크 존스의 영화 〈그녀〉 중에서

고 있다. 조작이 쉬울 뿐 아니라 이 방식은 너무도 매혹적이다. 아직 언어를 배우기도 전에 아기들이 스마트폰을 터치할 때 드러내는 그 황홀한 표정을 관찰해보라.

접촉의 가치가 확인되면서 기업들은 좀 더 적극적으로 나서고 있다. 그리하여 몇몇 선구적인 IT 제품은 유기체가 갖고 있는 접촉 자극 자체에 호소하기도 한다.

독창적인 기기 아이폰

밀어서 잠금 해제

_ 아이폰의 사용 설명서 중에서

IT 분야에서 신처럼 존경받는 구루 스티브 잡스가 당시 자신이 하는 일이 어떤 결과를 가져올지 예상했는지는 확실하지 않다. 2011년 사망한 후 시간이 지날수록 전설이 되고 있는 잡스가 운동피질의 작동원리에 대해 알고 있었을까? 엄지와 검지의 움직임이 신체의 어느 부위보다 빨리 뇌에 전달되는 신경 경로에 대한 지식을 갖고 있었을까? 아마 아닐 것이다.

그럼에도 이 애플 수장이 2005년 전설적인 인사말에서 새롭고 작은 디지털 팔방미인을 소개한 직후, 아이폰의 슬라이딩 동작은 모든 형태의 전자통신에서 이루어지는 현대인의 보편적인 행위 매트릭스로 자리매김했다. 혹시 애플의 개발센터 내에 어떤 손가락 운동 및 움직임이 인간의 뇌에 가장 가깝고 직관적으로 다가오는지를 밝혀내는 데 전념하는 신경과학자 팀이 있는 것은 아닐까? ihelper의 엄청난 성공 이야기를 보면 이런 생각이 괜한 게 아니다.

텔레비전이나 컴퓨터 모니터 앞에 앉아 많은 애플 제품에서 볼 수 있는 전형적인 슬라이딩 동작으로 이들 스크린을 켜려는 두세 살짜리 여자아이가 적지 않다는 이야기를 친구와 친척들에게 들으며 웃은 적이 여러 번이다. 아무 일도 일어나지 않지만, 아이들은 스크린 위를 반복적으로 이리저리 손으로 밀어본다. 이런 이야기에는 자녀들이 영리하다고 생각하는 부모들의 자랑이 깃들어 있다. 더불어 디지털 세계에서는 어떤 동작을 해야 하는지 이 어린 아이가 이미 인식했다는 기쁨노 표현돼 있다.

여기서 눈여겨보아야 할 것은 이런 기기들이 두뇌 회전 빠른 어린 아이들에게 소구하는 매력, 그리고 모방자 효과이다. 아이들은 부모와 나이 많은 형제자매로부터 배우거나 집에서 다른 기술장치로 직접 시험해본 몸동작을 새로운 것에 적용한다. 이와 관련해 진일보한 형태의 아이팟이 '터치'라는 추가 명칭을 얻은 것은 사실 아이러니한 동어반복이다. 왜냐하면 문지르는 동작 및 슬라이딩 동작 없이 작동되는 스마트 기기는 하나도 없기 때문이다.

IT 시대, 검지의 불활

뇌: 우리가 생각한다는 것을 생각하는 데 이용되는 기관.

_ 앰브로즈 비어스

스마트폰과 태블릿 조작을 위한 손가락의 전형적인 동작은 우연히 나온 게 아니다. 엄지와 검지 사이에서 문지르는 자세는 진화생물학적으로 인간의 가장 오래된 행동 패턴이기 때문이다. 발생학적으로 보면 핀셋 잡기에서 사용되는 엄지와 검지의 협력보다 먼저 뇌에서 발생된 신체운동 동작은 없다. 우리의 가장 가까운 친척인 원숭이도 인간만큼 섬세하고 완벽하게, 손가락을 자유자재로 사용하지는 못한다. 이 때문에 뮌헨 대학교 하우너 어린이병원의 플로리안 하이넨 같은 신경과학자들은 아이폰을을 비롯한 스마트 기기를 평가할 때 이는 발명일 뿐만 아니라 "위대한 발견"이라고 말한다. 정보와 뇌, 검지

사이의 빠른 연결이 이렇듯 광범위하게 이용되는 기술장치는 어디에도 없기 때문이다.[92] 아이들은 이런 방법으로 더 쉽게 공부를 하고 새로운 지식에 더 빨리, 더 간단히 접근할 수 있다. 하이넨은 스마트폰을 문지를 때 필요한 검지의 접촉을 일종의 연속체라고 한다.

신경과학자들은 학자들이 오랫동안 생각한 것보다 훨씬 더 이른 시기에 뇌가 훨씬 더 많은 것을 할 수 있다는 사실을 속속 증명해냈다. 그러니까 아기들도 신속한 운동을 수행하고 처리할 수 있는 능력을 신경 연결을 통해 획득한다. 다만 아이들은 이런 잠재력을 충분히 이용하지 않을 뿐이다.[93] 특히 뇌와 검지 사이의 신경이 가장 먼저 튼튼하게 연결되는데 이 연결은 1초당 55미터 이상의 매우 빠른 전도 속도를 갖고 있다.

또 엄지와 협력하는 검지는 가장 큰 유연성과 독립성을 지닌다. 검지는 성인에게도 특히 중요하며 자주 이용된다. 위협하거나 설명하고 경고하며, 정치연설을 하는 동안(최근에는 버락 오바마의 경우)이나 미켈란젤로의 그림 '아담의 창조'처럼 예술사적 아이콘으로 이용되기도 한다.

성인의 경우 약 1000억 개의 신경세포가 있는 뇌에는 복잡하지만 빠르고 단순하며 직접적인 시스템이 존재하는데, 이 시스템에서 뇌와 손은 아주 일찍부터 연결되어 있다. 다름 아닌 검지로 가는 피질-척수-근육이 연결된 것이다. 하이넨은 "카카오와 잔, 우유, 부엌, 선반, 엄마, 갈증 같은 단어를 이용해 올바른 문장을 만드는 능력을 갖추기도 전인 두 살짜리 아이도 손가락을 이용해 자기가 원하는 것을 구체적으로, 오해의 여지없이 정확히 전달할 수 있다"고 말한다.

하이넨에 따르면 애플의 기술혁신에는 더 빨리, 더 높이, 더 넓게(또는 더 빨리, 더 뛰어나게, 더 작게) 작업하는 데 이용할 수 있는 기기를 끊임없이 출시하는 IT 산업의 1차적인 발전만 있는 것이 아니다. 더 정확히 말하면 "마우스라는 위치지정 도구가 손가락이라는 위치지정 도구"로 바뀌었다는 것이다. '디지털 지휘봉'인 손가락을 이용해 접촉을 함으로써 지식에 접근하고 애플리케이션을 직관적으로 열며, 핀셋을 잡는 방식을 이용해 그림을 원하는 대로 확대하거나 축소하거나 삭제한다.

검지를 이용해 접촉함으로써 검색하고, 찾고, 정확하게 관찰하고, 복사하거나 버리는 것을 제어할 수 있다. 이를 통해 검지가 예상치 못한 중요성을 되찾고 있다. 놀랍게도 기술혁신에 회의적이던 사람들도 간단한 밀어 없애기 원칙wipe-and-away principle은 납득한다. 이를 위해 많은 것을 이해하고 연습할 필요도 없다. 또 컴퓨터 광들의 지식이 필요한 것도 아니다. 이런 동작은 인간 본성에 깊이 입력되어 있다.

이 때문에 디지털 독서기는 상당한 인기를 끌 수 있다. 손을 이용해 읽을거리의 크기와 활자체, 형식을 개별적으로 각자의 독서 기호에 맞출 수 있다. 게다가 이런 방식의 독서는 감상적인 접촉 자극까지 포함한다. 이 접촉 자극은 직관적으로 손에서 시작된다. 또 이해하기 위한 언어를 사용하기 이전의 세계에서 유래하며, 매우 감성적이고 감각적인 경험까지 포함한다.

촉각으로 승부하라

21세기의 광고산업은 제품과 브랜드를 차별화하고 고객들이 새로운 상품을 갈망하도록 유도하는 과정에서 인간이 지닌 감각들을 충분히 활용하지 못했다는 사실을 불현듯 인식했다. 그동안 고객들은 그림과 음악으로 지나치게 자극을 받은 반면 촉감 지각, 즉 촉각은 충분히 자극을 받지 않은 것이다. 현재 PR 분야에서 이런 현상을 바꾸기 위한 시도들이 다양하게 이루어지고 있다. 이제는 '라마 가족(자녀들이 있는 단란한 가정을 주제로 한 다국적 기업 유니레버의 광고—옮긴이)'이나 해변에서의 비현실적인 삶에 관한 영상을 이용해 시각적으로 영향을 주는 방식은 영화관과 백화점, 몇몇 호텔의 스피커에서 끊임없이 흘러나오는, 이미 오래 전에 따분해져 버린 '엘리베이터 음악' 만큼이나 광고 제작자들을 지루하게 만든다.

칼-베르너 슈미츠는 자신을 광고 분야 전략개발자이자 '순종 촉각학자'라고 칭한다. 슈미츠는 "오감이 판매를 증진한다"는 모토 아래 PR 분야가 이제 새로운 마케팅 방법을 찾아내야 한다고 강조한다. "현대인을 자기 편으로 끌어들이려는 사람은 더 새로운 방식으로 눈에 띄어야 한다. 그러기 위해서는 소통 방식에 의도적으로 더 많은 감각을 포함시켜야 한다"고 그는 목소리를 높인다. "만지는 것, 즉 촉각도 중요지만 오늘날에는 냄새 맡고 맛보는 것도 고객을 설득하고 시장점유율을 확대하는 좋은 도구가 된다."

슈미츠는 홈페이지를 통해 '촉각 판매 보조기구'를 제공하는데, 39유로짜리 '촉각 노후준비 나무'(높이 17.5센티미터, 넓이 14.5센디미터. 재질은 나무며 총 5개의 채색된 부분으로 구성되어 있다)가 대표적인 사례다. 생태 장난감가게에서 막 사온 것처럼 보이는 알록달록한 이 작은 나무는 인생에서 법적 연금이 차지하는 비율이 얼마 안 된다는 사실을 명료하게 보여준다. 슈미츠에 따르면 이 나무를 직접 본 고객들은 개인연금에 대한 필요성을 민감하게 인지할 수밖에 없다. 그러면 나머지 일은 저절로 진행되는 것과 마찬가지이다. "당신이 보험이든 금융상품을 팔든 상관없다. 촉각 노후준비 나무를 고객의 눈앞에 두면

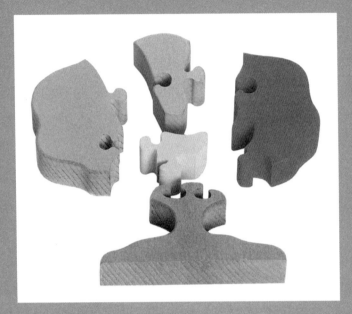

칼-베르너 슈미츠의 '촉각 노후준비 나무'

총 5개의 블록으로 구성된 나무는 각자의 노후재산 현황을 선명하게 보여준다.
떼었다 붙였다 할 수도 있는 이 단순한 촉각 보조기구가
소비자를 설득하는 힘은 의외로 강력하다.

고객은 순간적으로 호기심이 생겨 반응을 보인다. 그것으로 이미 노령연금이라는 주제를 다루는 것과 같다. 고객이 스스로 연금에 관해 말을 한다면 계약은 이미 절반 정도 성사된 셈이다." 계약 성사 확률은 당연히 껑충 뛴다.

'촉각 인간—금융 컨설팅' 판매 보조기구는 190유로로 더 비싸다. 이 금속 보조기구는 작은 남자 모형으로 만들어졌다. 이 모형은 받침대를 이루는 파란색 판 위에 서 있다. 파란색 판에는 '돈'과 '금융' '보험' 또는 '투자' 같은 개념이 적혀 있다. 슈미츠는 이런 '분석 보조도구'를 다음과 같이 광고한다. "파란색 알루마이트로 도금된 받침대는 고품질로 가공되었다. 문구는 찍은 것이 아니라 새겨넣었기 때문에 닳아 없어지지 않는다."

고객은 이런 도구를 통해 자신의 금융 계획이 어떤 모습이어야 하고, 몇 개의 기둥으로 이루어져야 하는지를 시각적으로 확인할 뿐만 아니라 촉각으로 경험할 수도 있다. 이 모델은 개별 부품으로 분해되어 투자와 연금의 단편적인 모습도 볼 수 있다. 슈미츠에 따르면 고객이 이 판매 보조도구의 구성요소를 보기만 해도 금융 분석과 상담에 확신을 갖게 된다고 한다. "현대 실무자들은 그런 반응의 원리를 확실히 알고 있다. 현대 고객은 아무리 꼼꼼한 분석자료를 제공해도 열광적인 반응을 보이지 않는다. 대신 분석 판매를 할 때 보조도구를 이용해 오감을 자극할 경우 큰 성공을 거둘 수 있다. 보조도구는 무엇보다 고객이 호기심을 갖게 만든다. 나아가 고객은 이 모델을 통해 말 그대로 자신에게 필요한 것을 감각적으로 파악한다. 그런 방식으로 고객은 분석의 의미와 목적 및 가치를 비로소 인식하게 된다."

이 기발한 광고 아이디어에 누가 굴복하지 않을 수 있을까? 슈미츠는 "당신의 독점적인 촉각 판매 보조도구를 이용해 시장을 확보하라. 성공률이 30~250퍼센트까지 치솟는다"고 주장한다.

촉수가 살아야 삶이 아름다워진다

우리는 낱말이 아니라 낱말 뒤에서 느껴지는
사람을 읽어야 한다.

_ 새뮤얼 버틀러

서로 매달리고 포옹하고 쓰다듬고 만지고 키스하면서 도로를 걷
는 젊은 연인을 아직은 가끔 볼 수 있다. 하지만 과거와 비교해 그런
젊은이들이 너무 적다! 그리고 아직은 서로 손을 잡고 매우 행복하며
만족스럽게 미소짓는 연금생활자 부부들도 가끔 볼 수 있다. 그러나
이런 사람들은 점점 줄어든다. 많은 사람들은 혼자 살거나 둘이서 우
울하게 산다. 엄마 아빠에게 꼭 안겨 거리를 지나가며 포대기 안에서
신체 접촉을 하는 아기는 어떨까? 아쉽게도 이런 풍경 역시 점점 사
라지는 추세다. 어쨌든 우리 주변에서는 그렇다.

접촉이 부족하다. 공공장소에서는 접촉을 보기가 어렵다. 이에 대

해 혹자는 타인에게 불쾌감을 주지 않기 위해 조용한 방에서 둘이 있을 때만 껴안는 게 낫다고, 접촉하는 행위를 굳이 드러낼 필요가 있느냐고 이의를 제기할 수도 있다. 그럴 수도 있다. 그러나 여러 나라 시민들을 대상으로 접촉에 대한 동경 여부를 설문조사한 결과는 오히려 그 반대의 사실을 시사한다. 사람들은 신체 접촉을 갈망하지만 현실에서는 너무 적다. 설령 신체 접촉을 한다 해도, 그들이 진정 원하는 것을 얻는지는 확실하지 않다. 많은 연구자들은 사람들 중 3분의 2가량이 원나잇 스탠드에서 반드시 섹스가 목적이 아니라 자신을 사랑스럽게 만져줄 누군가를 찾는다고 보고한다.

이것이 가장 중요한 대목이다. 접촉은 대부분 유익하고 바람직하다. 그럼에도 늘 부족하다. 듣고, 냄새 맡고, 맛을 느끼고, 보는 감각과 달리 인간이 시들고 쇠약해지지 않으려면 촉각이 항상 자극을 받아야 한다. 모든 것을 갖춘 사람들이 있다. 그러나 그들에게는 접촉할 수 있는 파트너가 없다. 그들은 버스나 공원 벤치에서 껴안거나 손을 잡고 있는 다른 사람들을 볼 때 마음속으로 아픔을 느끼며 눈길을 돌린다.

변화는 보이지 않는다. 독일의 경우 전체 가구 중 40퍼센트(한국의 경우 27.2%)가 1인 가구이고, 약 1,800만 명 이상이 홀로 살고 있다. 그러면 자신을 만져줄 사람을 어디서 구할 수 있을까? 상업적인 서비스가 이들을 구제할 수 있는 대책을 제공한다. 이런 구제책에는 웰니스 상품과 스파, 마사지, 환자 체조, 커들 파티나 전문적인 '여성 접촉가' 등이 있다. 나이 든 고독한 환자들은 의사를 만나기 전 접수를 할 때 의사가 세심하게 진찰하고 자신들을 만져주는지 여부를 조심스럽게 물어본다. 양로원과 병원에서는 사람들이 종종 간호인에게 가볍게 팔로 안아달라고 부탁한다.

한 세대 전에는 두 명 또는 그 이상의 아이들이 한 침대에서 잠을 자고, 비좁은 버스나 전철, 창구 앞에서 사람들이 바짝 붙어 줄을 선 채 기다리는 것이 일상적이었다. 하지만 언제부터인가 사람 사이에 거리를 두려는 욕구가 늘어났다. 이로 인해 괜한 오해를 사거나 애정을 받지 못한다고 느끼는 사람들이 증가했다.

이런 현상은 여가를 보낼 때나 남녀가 만날 때도 나타난다. 1950~1960년대 남녀가 만나는 전형적인 방법은 '댄스파티'였다. 이런 파티에서 사람들은 저녁 내내 만지고 포옹하며 친밀감을 쌓았다. 오늘날에는 잠재적인 후보자들이 SNS상에서 서로 관심 분야를 교환하거나 멀리 떨어져서 서로를 "더듬거리며 탐색한다."

곤충의 가장 중요한 기관은 촉수다. 이 안테나를 이용해 동물들은 냄새를 맡고, 맛을 보며, 같은 종의 다른 동물과 접촉한다. 촉수는 동물의 가장 중요한 사회적 기관이다. 이 기관이 없으면 동물들은 공동체를 형성할 수 없다. 그렇다면 인간의 '촉수'는 어떤 상태에 있는가? 인간의 촉수는 바지주머니에 숨겨지거나 옷으로 덮여 있다가, 아주 드물게만 이용된다.

반면 학자들은 피부가 얼마나 다양한 사회적·감정적 기관인지, 피부가 어떤 반응을 보일 수 있는지, 다른 사람에게 어떤 신호를 보내는지를 새롭게 발견해내고 있다.

우호적인 의도를 가지고 있으며, 양 당사자가 모두 원하는 접촉은 유익하다. 이런 사실을 증명하는 과학적인 근거는 놀라울 정도로 많다. 의학적 치료에서든, 소아과와 연애관계, 우정 및 가정에서의 심리적·신경학적 문제에서든, 접촉은 긍정적인 효과를 발휘하는 것으로 밝혀졌다. 최근에는 노동 분야뿐 아니라 여가와 스포츠 분야에서도 접촉의 유익한 효과에 대해 연구가 이뤄지고 있다.

보충 자료가 필요한 사람들은 친밀함과 접촉이 지닌 위대한 결과를 보여주는 증거 및 참고자료를 이 책에서 충분히 찾아볼 수 있다. 그 외의 사람들에게는 접촉의 효과에 대해 오래 연구한 끝에 짧은 문장으로 요약한 스위스 여성 연구자의 말만으로도 충분할 것이다.

"두 팔로 파트너를 안으세요. 그러면 두 사람 모두에게 좋은 일이 일어날 겁니다!"

1 McGlone F, Wessberg J, Olausson H: Discriminative and Affective Touch: Sensing and Feeling. Neuron 2014;82:737

2 Sacks O: 화성의 여성 인류학자. Reinbek 1995

3 '너는 홀로 길을 가지 않는다'는 2010년에 개봉되어 여러 상을 받은 영화이다. 미국의 원작 제목은 '템플 그랜딘(Temple Grandin)'이다.

4 몇몇 인용문은 2010년 10월 SZ-magazine을 위해 미하엘라 하스가 템플 그랜딘과 가졌던 인터뷰에서 나온 것이고, 다른 표현은 BBC-다큐멘터리에서 나온 것이다.

5 Sylvia LG, Shesler LW, Peckham AD, Grandin T, Hahn DA: Adjunctive deep touch pressure for comorbid anxiety in biopolar disorder: mediated by control of sensory input? Journal of Psychiatric Practice 2014;20:71

6 Field T: American adolescents touch each other less and are more aggressive toward their peers as compared with French adolescents. Adolescence 1999;34:753

7 Cullen M: 교사들을 위한 후원. 학교에서의 공감 훈련. In: Singer T, Bolz M: 일상과 연구에서의 공감. E-Book 2013.

8 Keysers C, Wicker B, Gazzola V, Anton JL, Fogassi L, Galese V: A touching sight: SII/PV activation during the observation and experience of touch. Neuron 2004;42:335

9 Buske-Kirschbaum A, Geiben A, Wermke C, Pirke KM, Hellhammer D: Preliminary evidence for Herpes labialis recurrence following experimentally

induced disgust. Psychotherapy and Psychosomatic 2001;70;86

10 Eisenberger NI: The pain of social disconnection: examining the shared neural underpinnings of physical and social pain. Nature Reviews Neurosciences 2012;13;421

11 Fogassi L, Ferrari PF, Gesierich B, Rozzi S, Chersi F, Rizzolatti G: Parietal lobe: from action organization to intention understanding. Science 2005;3088;662

12 Rizzolatti G, Sinigaglia C. The functional role of the parieto-frontal mirror circuit: interpretations and misinterpretations. Nature Reviews Neuroscience 2010;11;264

13 Ebisch SJ, Ferri F, Romani GL, Gallese V: Reach out and Touch Someone: Anticipatory Sensorimotor Processes of Active Interpersonal Touch. Journal of Cognitive Neuroscience, 2014년 3월 online으로 먼저 간행됨.

14 Occelli V, Spence C, Zampini M: Auditory, tactile, and audiotactile information processing following visual deprivation. Psychological Bulletin 2013;139;189

15 Legge GE, Madison C, Vaughn BN, Cheong AM, Miller JC: Retention of high tactile acuity throughout the lifespan in blindness. Perception and Psychophysics 2008;70;1471

16 Alary F, Duquette M, Goldstein R, Elaine Chapman C, Voss P, La Buissonniere-Ariza V, Lepore F: Tactile acuity in the blind: a closer look reveals superiority over the sighted in some but not all cutaneous tasks. Neuropsychologia 2009;47;2-037

17 Picard D, Lebaz S, Jouffrais C, Monnier C: Haptic recognition of two-dimensional raised-line patterns by early-blind, late-blind, and blindfolded sighted adults. Perception 2010;39;224

18 Norman JF, Bartholomew AN: Blindness enhances tactile acuity and

haptic 3-D shape discrimination. Attention, Perception and Psychophysics 2011;73:2323

19 Racine M, Tousignant-Laflamme Y, Kloda LA, Dion D, Dupuis G, Choiniere A: A systematic literature review of 10 years of research on sex/gender and experimental pain perception – part 1: Are there really differences between women and men? Pain 2012; 153:602

20 Racine M, Tousignant-Laflamme Y, Kloda LA, Dion D, Dupuis G, Choiniere A: A systematic literature review of 10 years of research on sex/gender and experimental pain perception – part 2: Do biopsychosocial factors alter pain sensitivity differently in women and men? Pain 2012; 153:619

21 Lobanov OV, Zeidan F, McHaffie JG, Kraft RA, Coghill RC: From cue to meaning: brain mechanisms supporting the construction of expectations of pain. Pain 2012;153:619

22 Koyama T, McHaffie JG, Laurienti PJ, Coghill RC: The subjective experience of pain: where expectations become reality. Proceedings of the National Academy of Sciences U S A 2005;102:12950

23 Haberl T: 잡기, 접촉하기, 쓰다듬기. 2008년 10월 17일의 SM-Magazin, 페이지 20

24 Vollmuth H: 접촉되지 않는 사람들(The untouched). 2014년 4월 1일의 쥐트도이체 차이퉁

25 Zhong CB, Leonardelli GJ: Cold and lonely: does social exclusion literally feel cold? Psychological Science 2008;19:838

26 Eisenberger NI, Cole SW: Social neuroscience and health: neurophysiological mechanisms linking social ties with physical health. Nature Neuroscience 2012;15:669

27 Ijzerman H, Gallucci M, Pouw WT, Weißgerber SC, Van Doesum NJ, Williams KD: Cold-blooded loneliness: social exclusion leads to lower skin

temperature. Acta Psychologia 2012;140:283

28 Inagaki Tk, Eisenberger NI: Shared neural mechanisms underlying social warmth and physical warmth. Psychological Science 2013;24:2272

29 Ijzrman H, Semin GR: The thermometer of social relations: mapping social proximity on temperature. Psychological Science 2009;20:1214

30 Ackerman JM, Nocera CC, Bargh JA: Incidental haptic sensations influence social judgments and decisions. Science 2010;328:1712

31 Bargh JA, Shalev I: The substitutability of physical and social warmth in daily life. Emotion 2012;12:154

32 Kang Y, Williams LE, Clark MS, Gray JR, Bargh JA: Physical temperature effects on trust behavior: the role of insula. Social cognitive and affective Neuroscience 2011;6:507

33 Williams LE, Bargh JA: Experiencing physical warmth promotes interpersonal warmth. Science 2088;322:606

34 Grammer K, Fink B, Neave N: Human pheromones and sexual attraction. European Journal of Obstetrics & Gynecology and Reproductive Biology 2005;118:135

35 Bakker J: Sexual differentiation of the neuroendocrine mechanisms regulating mate recognition in mammals. Journal of Neuroendocrinology 2013;15:615 Portillo W, Paredes RG: Sexual and olfactory preference in noncopulating male rats. Physiology and Behaviour 2003;80:155

36 2013년 12월 19일의 Zeit-Magazin 인터뷰

37 Dorst J, Seikowski K: 신경성 피부염과 건선을 앓고 있는 환자에게 있어서 피부와 관계, 파트너십. 피부과 의사 2012;63:214

38 Wang Z, Aragona BJ: Neurochemical regulation of pair bonding in male prairie voles. Physiology and Behavior 2004;83:319

39 Israel S, Lerer E, Shalev I, Uzefovsky F, Riebold M, Laiba E, Bachner-

Melman R, Maril A, Bornstein G, Knafo A, Ebstein RP: The oxytocin receptor (OXTR) contributes to prosocial fund allocations in the dictator game and the social value orientations task. PLoS One 2009;4:e5535

40 Floyd K, Pauley PM, Hesse C: State and trait affectionate communication buffer adults' stress reactions. Communication Monographs 2010;77:618

41 Pedersen CA: Biological aspects of social bonding and the roots of human violence. Annals of the New York Academy of Sciences 2004;1030:106

42 Ditzen B, Schaer M, Gabriel B, Bodenmann G, Ehlert U, Heinrichs M: Intranasal oxytocin increases positive communication and reduces cortisol levels during couple conflict. Biological Psychiatry 2009;65:728

43 Ditzen B, Neumann ID, Bodenmann G, von Dawans B, Turner RA, Ehlert U, Heinrichs M: Effects of different kinds of couple interaction on cortisol and heart rate responses to stress in women. Psychoneuroendocrinology 2007;32:565

44 Hernandez-Reif M, Diego M, Field T: Preterm infants show reduced stress behaviors and activity after 5 days of massage therapy. Infant Behavior and Development 2007;30:557

45 Holt-Lunstad J, Birmingham WA, Light KC: Influence of a ≫warm touch≪ support enhancement intervention among married couples on ambulatory blood pressure, oxytocin, alpha amylase, and cortisol. Psychosomatic Medicine 2008;70:976

46 Tobe SW, Kiss A, Sainsbury S, Jesin M, Geerts R, Baker B: The impact of job strain and marital cohesion on ambulatory blood pressure during 1 year: the double exposure study. American Journal of Hypertension 2007;20:148

47 Coan JA, Schaefer HS, Davidson RJ: Lending a hand: social regulation of the neural response to threat. Psychological Sciences 2006;17:1032

48 Debrot A, Schoebi D, Perrez M, Horn AB: Touch as an Interpersonal emotion

regulation process in couples' daily lives: the mediating role of psychological intimacy. Personality and Social Psychology Bulletin 2013;39:1373

49 Debrot A, Schoebi D, Perrez M, Horn AB: Stroking your beloved one's white bear: Responsive touch by the romantic partner buffers the negative effect of thought suppression on daily mood. Journal of Social and Clinical Psychology 2014;33:75

50 Debrot A, Cook WL, Perrez M, Horn AB: Deeds matter: Daily enacted responsiveness and intimacy in couples' daily lives. Journal of Family Psychology 2012;26:617

51 Levenson RW, Carstensen LL, Gottman JM: Long-term marriage: age, gender, and satisfaction. Psychology and Aging 1993;8:301

52 Medalie JH, Goldbourt U: Angina pectoris among 10,000 men. II. Psychosocial and other risk factor as evidenced by a multivariate analysis of a five year incidence study. American Journal of Medicine 1976;60:910

53 Medalie JH, Stange KC, Zyzanski SJ, Goldbourt U: The importance of biopsychosocial factors in the development of duodenal ulcer in a cohort of middle-aged men. American Journal of Epidemiology 1992;136:1280

54 Stadler G, Snyder KA, Horn AB, Shrout PE, Bolgef NP: Close relationships and health in daily life: a review and empirical data on intimacy and somatic symptoms. Psychosomatic Medicine 2012;74:398

55 Heiman JR, Long JS, Smith SN, Fisher WA, Sand MS, Rosen RC: Sexual satisfaction and relationship happiness in midlife and older couples in five countries. Archives of Sexual Behavior 2011;40:741

56 Borg C, de Jong PJ: Feelings of disgust and disgust-induced avoidance weaken following induced sexual arousal in women. PLoS One 2012;7:e44111

57 Stevenson RJ, Case TI, Oaten MJ: Effect of self-reported sexual arousal on responses to sex-related and non-sex-related disgust cues. Archives of

Sexual Behaviour 2011;40:79

58 Matsunaga M, Sato S, Isowa T, Tsuboi H, Konagaya T, Kaneko H, Ohira H: Profiling of serum proteins influenced by warm partner contact in healthy couples. Neuroendocrinology Letters 2009;30:2

59 Ditzen B, Hoppmann C, Klumb P: Positive couple interactions and daily cortisol: on the stress-protecting role of intimacy. Psychosomatic Medicine 2008;70:883

60 Ditzen B, Neumann ID, Bodenmann G, von Dawans B, Turner RA, Ehlert U, Heinrichs M: Effects of different kinds of couple interaction on cortisol and heart rate responses to stress in women. Psychoneuroendocrinology 2007;32:565

61 Diego MA, Field T: Moderate pressure massage elicits a parasympathetic nervous system response. International Journal of Neuroscience 2009;119:630

62 Field T, Diego M, Hernandez-Reif M: Moderate pressure is essential for massage therapy effects. International Journal of Neuroscience 2010;120:381

63 Hatayama T, Kitamura S, Tamura C, Nagano M, Ohnuki K: The facial massage reduced anxiety and negative mood status, and increased sympathetic nervous activity. Biomedical Research 2008;29:317

64 Frey Law LA, Evans S, Knudtson J, Nus S, Scholl K, Sluka KA: Massage reduces pain perception and hyperalgesia in experimental muscle pain: a randomized, controlled trial. Journal of Pain 2008;9:714

65 Bartens W. Schönlebe D: "나는 근육 안으로 들어간다." 한스 빌헬름 뮐러-볼파르트와의 인터뷰. SM-Magazin, 2012년 6월 8일, 20페이지

66 Reid S, Wessely S, Crayford T, Hotopf M: Medically unexplained symptoms in frequent attenders of secondary health care: retrospective cohort study. British Medical Journal 2001;322:767

67 Wahlgren CF, Ekblom A: Two-point discrimination of itch in patients

with atopic dermatitis and healthy subjects. Acta Dermato-Venereologica 1996;76:48

68 Ludington-Hoe SM, Hosseini R, Torowicz DL: Skin-to-skin contact (Kangaroo Care) analgesia for preterm infant heel stick. AACN Clinical Issues 2005;16:373

69 Herrington CJ, Chiodo LM: Human touch effectively and safely reduces pain in the newborn intensive care unit. Pain Management Nursing 2014;15:107

70 Als H, Lawhon G, Duffy FH, McAnulty GB, Gibes-Grossman R, Blickman JG: Individualized developmental care for the very low-birth-weight preterm infant. Medical and neurofunctional effects. JAMA 1994;272:853

71 Liu D, Diorio J, Tannenbaum B, Caldji C, Francis D: Maternal care, hippocampal glucocorticoid receptors,and hypothalamic-pituitary-adrenal responses to stress. Science 1997;277:1659

72 Klengel T, Mehta D, Anacker C, Rex-Haffner M, Pruessner JC, Pariante CM, Pace TW, Merer KB, Mayberg HS, Bradley B, Nemeroff CB, Holsboer F, Heim CM, Ressler KJ, Rein T, Binder EB: Allele-specific FKBP5 DNA demethylation mediates gene-childhood trauma interactions. Nature Neuroscience 2013;16:33

73 Diego MA, Field T, Hernandez-Reif M: Preterm infant weight gain is increased by massage therapy and exercise via different underlying mechanisms. Early Human Development 2014;90:137

74 Field T, Diego MA, Hernandez-Reif M: Potential underlying mechanisms for greater weight gain in massaged preterm infants. Infant Behavior and Development 2011;34:383

75 Field T, Diego MA, Hernandez-Reif M, Deeds O, Figuereido B: Moderate versus light pressure massage therapy leads to greater weight gain in preterm infants. Infant Behavior and Development 2006;29:574

76 Eluvathingal TJ, Chugani HT, Behen ME, Juhasz C, Muzik O, Maqbool M, Chugani DC, Makki M: Abnormal brain connectivity in children after early severe socio-emotional deprivation: a diffusion tensor imaging study. Pediatrics 2006;117:2093

77 Shirtcliff EA, Coe CL, Pollak SD: Early childhood stress is associated with elevated antibody levels to herpes simplex virus type 1. Proceedings of the National Academy of Sciences 2009;106:2963

78 St James-Roberts I, Alvarez M, Csipke E, Abramsky T, Goodwin J, Sorgenfrei E: Infant crying and sleeping in London, Copenhagen and whe parents adopt a ≫proxymal≪ form of care. Pediatrics 2006;117:e1146

79 Qin S, Young CB, Duan X, Chen T, Supekar K, Menon V: Amygdala subregional structure and intrinsic functional connectivity predicts individual differences in anxiety during early childhood. Biological Psychiatry 2014;75:892

80 http://www.khbrisch.de/12-0-SAFE.html

81 Servan-Schreiber D: 감정이라는 새로운 약. 스트레스, 두려움, 우울증: 약 없이 건강해지다. 뮌헨 2004

82 Uzsak A, Dieffenderfer J, Bozkurt A, Schal C: Social facilitation of insect reproduction with motor-driven tactile stimuli. Proceedings of the Royal Society B 2014;281:20 140 325

83 Uzsak A, Schal C: Sensory cues involved in social facilitation of reproduction in Blattella germanica females. PLoS One 2013;8(2):e55678

84 Katz LF, Gottman JM: Buffering children from marital conflict and dissolution. Journal of Clinical Child Psychology 1997;26:157

85 van Tilburg MA, Chitkara DK, Palsson OS, Turner M, Blois-Martin N, Ulshen M, Whitehead WE: Audio-recorded guided imagery treatment reduces functional abdominal pain in children: a pilot study. Pediatrics2009;124:e890

86 Kraus MW, Huang C, Keltner D: Tactile communication, cooperation, and performance: an ethological study of the NBA. Emotion 2010;10:745

87 Cook SW, Yip TK, Goldin-Meadow S: Gesturing makes memories that last. Journal of Memory and Language 2010;63:465

88 Kaufman D, Mahoney JM: The effect of waitresses' touch of alcohol consumption in dyads. Journal of Social Psychology 1999;139:261

89 Lynn M: Determinants and consequences of female attractiveness and sexiness: realistic tests with restaurant waitresses. Archives of Sexual Behavior 2009;38:737

90 Gueguen N, Jacob C: Clothing color and tipping: Gentlemen Patrons give More Tips to Waitresses with red Clothes. Journal of Hospitality and Tourism Research 2012, online

91 Gueguen N, Legoherel P: Effect on tipping of barman drawing a sun on the bottom of customers' checks. Psychological Reports2000;87:223

92 Heinen F: 집게 손가락: 새로운 문화의 열쇠. In: Schirrmacher F: 사고 3.0. 인공 지능에서 디지털 사고까지. FAZ eBook 23, 2013

93 Koerte I, Eftimov L, Laubender RP, Esslinger O, Schroeder AS, Ertl-Wagner B, Wahllaender-Danek U, Heinen F, Danek A: Mirror movements in healthy humans across the lifespan: effects of development and ageing. Developmental Medicine and Child Neurology 2010;52:1106

옮긴이 **김종인**

한국외국어대학교 독일어과를 졸업하고 20여 년간 프리랜서 번역가로 활동해왔다.
옮긴 책으로 《추억에 관한 모든 것》이 있다.

접촉

첫판 1쇄 펴낸날 2016년 11월 15일

지은이 | 베르너 바르텐스
옮긴이 | 김종인
펴낸이 | 지평님
본문 조판 | 성인기획 (010)2569-9616
종이 공급 | 화인페이퍼 (02)338-2074
인쇄 | 중앙P&L (031)904-3600
제본 | 서정바인텍 (031)942-6006

펴낸곳 | 황소자리 출판사
출판등록 | 2003년 7월 4일 제2003-123호
주소 | 서울시 영등포구 양평로 21길 26 선유도역 1차 IS비즈타워 706호 (150-105)
대표전화 | (02)720-7542   팩시밀리 | (02)723-5467
E-mail | candide1968@hanmail.net

ISBN 979-11-85093-48-2 03180

* 이 도서의 국립중앙도서관 출판시도서목록(CIP)은 서지정보유통지원시스템 홈페이지
  (http://seoji.nl.go.kr)와 국가자료공동목록시스템(http://www.nl.go.kr/kolisnet)에서 이용
  하실 수 있습니다.(CIP제어번호: CIP2016025781)
* 잘못된 책은 구입처에서 바꾸어드립니다.